Ulrich Holst

Mit der Rute
Wasseradern
aufspüren

LUDWIG

Inhalt

Es gibt viele heilige Quellen. Ihr Wasser hat eine ganz besondere Qualität.

Pyramiden harmonisieren ganz hervorragend das Raumklima.

Rutengehen ist eine Kunst mit langer Tradition.

Man muss sich zu helfen wissen

Wasseradern können für den Menschen sehr nützlich sein – wenn man weiß, wo sie zu finden sind und wie sie richtig genutzt werden.

Manche Amateurfunker wenden auch heute noch einen etwas seltsamen, aber sehr wirkungsvollen Trick an, wenn es mit dem Senden und Empfangen der Botschaften nicht so klappt, wie sie es sich wünschen: Sie stellen ihr Funkgerät auf eine Wasserader – so sie wissen, wie man eine findet.

Im 2. Weltkrieg gehörte fast zu jedem Fernmeldebataillon auch ein Rutengeher, der nur damit beschäftigt war, Wasseradern zu suchen. Für seine Arbeit brauchte dieser nicht mehr als eine Astgabel aus Weidenholz oder aus Hasel. Dann inspizierte er den Boden, so als ob er eine unsichtbare Schubkarre vor sich herschöbe – bis plötzlich die Rute ausschlug, als würde sie von einem unsichtbaren Magneten in die Erde gezogen. Das war für den Rutengeher ein sicherer Hinweis auf eine unterirdische Wasserader. Auch wenn kaum jemand erklären konnte, was genau beim Rutengehen geschieht, wusste man sich schon damals ein Geheimnis der Wasseradern zunutze zu machen: Über unterirdischen Wasseradern werden die Funkwellen deutlich messbar verstärkt.

Alles nur Einbildung?

Über nichts lässt sich besser streiten als über Politik, Religion und unterirdische Erdstrahlen, die oft in einem Atemzug mit Wasseradern genannt werden. Für die einen sind Rutengehen und geheimnisvolle Erdstrahlen blanker Hokuspokus aus mittelalterlichen Zeiten. Andere halten zugute, dass es sich vielleicht um Placeboeffekte handeln könnte: Wenn man nur daran glaubt, dann funktioniert es auch irgendwie. Dem halten wieder andere entgegen, dass man sich die nachweisbaren Auswirkungen auf Tiere oder Pflanzen wohl nur schlecht einbilden kann. Und zu guter Letzt weiß so mancher Geschichten von Menschen zu erzählen, die ihr Bett über Wasseradern aufgestellt hatten und schwer krank wurden – bis hin zu Krebs, Rheuma oder Unfruchtbarkeit. Doch auch hier gilt: Quot capita, tot sensus (so viele Häupter, so viele Meinungen). Am besten halten Sie es mit dem Volksmund: Probieren geht über Studieren! Nehmen Sie die Rute selbst zur Hand.

Ab Seite 90 erhalten Sie Schritt für Schritt eine Anleitung, wie Sie selbst mit der Rute auf Wasseradersuche gehen können. Dazu brauchen Sie

keine besonderen medialen Bega-
bungen. Das einzig Wichtige ist
Geduld zum Üben. Vergleichen Sie es
mit Golfspielen: Es dauert eine Weile,
bis man das richtige Gefühl für den
Schläger hat, automatisch die richtige Haltung einnimmt und einen
geübten Blick für das Gelände hat.

Den richtigen Platz finden

Wie bei so vielem in der Natur gilt
auch bei Wasseradern: Nichts ist
absolut schlecht oder gut – der Zusammenhang, die Nutzung macht's.
Es gibt Pflanzen, Tiere und Bäume,
die sich auf Wasseradern ausgesprochen wohl fühlen, und andere, denen
es dort sichtbar schlecht geht. Und
was ist mit dem Menschen? Wie wirken Wasseradern auf ihn? Sollte er
sich schützen, und wie kann er das
machen? Auch darum geht es in diesem Buch. Ich wünsche Ihnen viel
Freude beim Lesen! Doch zunächst
sollen Sie die verschiedenen Arten
von Wasseradern kennen lernen.
Dabei finden Sie allerlei Hinweise auf
die Brunnensuche und die Bewertung
der Wasserqualität – denn Wasser ist
nicht gleich Wasser, und auch nicht
jede Wasserader ist gefährlich. Ich
hoffe, Sie können viel praktischen
Nutzen aus dem Buch ziehen.

Ulrich Holst

Die Natur kennt
kein Gut und
Schlecht, wohl aber
aufbauende und
zersetzende Wir-
kungszusammen-
hänge. Über die
gesundheitlichen
Auswirkungen von
Wasseradern auf
den Menschen
erfahren Sie ab
Seite 46.

Bereits im 19. Jahrhun-
dert wurden Rutengeher
zurate gezogen, wenn
Häuser oder Ställe
gebaut oder neue Brun-
nen gebohrt werden
sollten.

Erlebnisse eines Rutengehers

Früher gab es nahezu in jedem größeren Dorf einen Rutengeher, der den Menschen half, den richtigen Platz für den Brunnen, für den Stall oder auch das Wohnhaus zu finden. Wer sich einmal die Zeit nimmt, sich mit einem von ihnen länger zu unterhalten, kann erstaunliche Dinge erfahren. Hier finden Sie Auszüge aus einem solchen Gespräch – gleichsam als Einstimmung auf unser Thema »Wasseradern«.

Herr Frese, seit mehr als 40 Jahren sind Sie in Ihrem Heimatort als Rutengeher tätig. Wie sind Sie eigentlich damals dazu gekommen?
Das kam eigentlich über meinen Bruder, der nach dem Krieg bei einem Sanitär- und Heizungsbaubetrieb angefangen hatte – ich war bei der Bundesbahn beschäftigt. Im Jahre 1959 hatten wir einen furchtbar trockenen Sommer, und allerorts wurde das Wasser knapp – besonders für das Vieh.
Mein Bruder war damals jeden Tag mit seiner Firma unterwegs, um neue Brunnen zu bauen und anzuschließen, und er hat mit der Rute immer

den Standort ausgesucht. Das funktionierte hundertprozentig, und ich war einfach neugierig, ob das bei mir auch klappen würde – und es klappte. So bin ich dazu gekommen und dabei geblieben. Zuerst habe ich mein Grundstück auf Wasseradern untersucht und dann auch einen Brunnen gebohrt. Der fließt heute noch wie eh und je. Na ja, und dann ging das so immer weiter, und seitdem habe ich hier in der Gegend zahllose Brunnenstellen mit der Rute ausfindig gemacht und Häuser untersucht.

Waren denn die Menschen immer aufgeschlossen für die Ratschläge eines Rutengehers?
Oh nein! Oft habe ich erlebt, dass der Bauer oder der Grundbesitzer an einer ganz bestimmten Stelle seinen Brunnen haben wollte. Als ich dann aber mit meiner Rute ankam und ihm sagte, dass das nicht funktionieren wird und er lieber dort bohren sollte, wo die Wasserader ist, hat er mir das nicht geglaubt und meine Ratschläge für Unfug gehalten. Erst als bei seinem Brunnen dann nach zwei, drei Monaten das Wasser ausging und Sand mit hochgespült wurde, hat er sich an mich erinnert und den

Früher waren Rutengeher vor allem mit der Suche nach geeigneten Brunnenplätzen beschäftigt. Heute suchen Sie überwiegend nach gesundheitlichen Störfeldern.

Brunnen an der von mir festgelegten Stelle angelegt. Na ja, manche Leute müssen erst Lehrgeld bezahlen. Ich lasse sie, warum sollte ich mich streiten oder mich aufdrängen?

Haben Sie auf den Gehöften auch Beobachtungen gemacht, wie sich Tiere auf einer Wasserader verhalten?
Ja, das ist ganz interessant. Ich erinnere mich beispielsweise noch an einen Bauernhof, wo es zwei Wasseradern gab. Der Pferdestall stand genau auf der Kreuzung der beiden Adern. Das Pferd war immer krank. Bei einem anderen Bauern stand eine Kuh direkt auf einer Wasserader. Die gab überhaupt keine Milch, hatte ständig Durchfall, und dauernd musste der Tierarzt kommen. Wenn der Bauer die Kuh dann von dort weggebracht hatte und eine andere auf den Platz stellte, dauerte es nicht lange, und mit der ging dann das Gleiche los. Bei Tieren muss man gut aufpassen, sie sind sehr sensibel. Bei Menschen natürlich auch.

Sind Ihnen Fälle bekannt, wo Sie den Eindruck haben, dass Menschen über Wasseradern wirklich ernsthaft krank geworden sind?

Ja, ja, leider nicht wenige. Vergessen werde ich nie, wie ich die Wohnung eines Arbeitskollegen untersuchte. Seine Frau war sehr schwer an Krebs erkrankt und erzählte, dass es ihr im Krankenhaus immer sofort besser ginge, aber sobald sie mit ihrem Rollstuhl wieder in der eigenen Wohnung sei, wäre alle Besserung sofort dahin. In der Wohnung fand sich dann auch nur ein einziger guter Platz, wo sie ihr Bett ohne Störungen hätte aufstellen können. Aber das ging nicht – weil dort nachts immer der Hund schlief. Ja, so ist das im Leben. Die Frau ist dann bald gestorben. Viele Menschen schlafen aber auch nur schlecht auf Wasseradern und erkranken nicht gleich.

Herr Frese, kann jeder Mensch Rutengehen lernen?
Da bin ich überfragt. Der eine hat wohl mehr Talent und der andere weniger. Ist ja auch so, dass der eine Mensch ziemlich schnell krank wird, wenn er auf einer Wasserader schläft, und der andere hat einfach ein dickes Fell und wird vielleicht nie krank. Das hab ich auch erlebt.

Herr Frese, vielen Dank für das Gespräch.

Menschen reagieren sehr unterschiedlich auf Wasseradern. Manchen macht die Belastung lange Zeit nichts aus, andere werden bereits nach kurzer Zeit krank. Besonders Säuglinge und Kinder sind sehr empfindlich.

Alles ist aus dem Wasser entsprungen!

Alles wird durch das Wasser erhalten!

Ozean, gönn uns Dein ewiges Walten!

Johann Wolfgang von Goethe – Faust

Was sind Wasseradern?

Nicht einmal zwei Prozent vom gesamten Wasserhaushalt der Erde (sie ist zu 65 Prozent mit Wasser bedeckt) sind als Trinkwasser für Mensch und Tier geeignet.

Wasser kennt viele Wege

Keine Pflanze, kein Tier und kein Mensch kann ohne Wasser existieren. In nahezu allen Kulturen gilt Wasser deshalb seit jeher als etwas Heiliges und Kostbares. Obwohl Wasser so viele Wege zurücklegt, geht kein Tropfen je verloren. Es verdunstet über der Erde und den Meeren, steigt auf in höhere Atmosphären, kommt als Regen zurück und versickert wieder im Boden, bevor es erneut aufsteigt. Ein faszinierender permanenter Kreislauf, in dem auch das menschliche Dasein eingewoben ist. Und: Wasser ist ein ganz besonderes Element. Es kann gefrieren, kann flüssig sein wie Blut, und es kann sich auflösen in feinsten Dunst. In einer Höhe von 100 Kilometern hat ein Wassertropfen gerade mal einen Durchmesser von 0,01 Millimeter und schwebt fast schwerelos im Äther. Wasser hat unendlich viele Gesichter und kann sich wie ein Chamäleon verschiedensten Bedingungen anpassen, ohne seine Essenz zu verlieren: Wasser nährt, reinigt, löst und verbindet alles mit allem.

Brunnen sind lebenswichtig

Der Brunnen vor dem Tor der Stadt oder in der Stadt, auf einer Festung oder in einer Oase war früher der zentrale Orte, der das Überleben sicherte. Nicht selten stand auf Brunnenvergiftung die Todesstrafe, denn die Möglichkeit, neue Brunnen zu bohren und sauberes Wasser zutage zu fördern, sind nicht beliebig. Oft stand dem Ort nur eine Wasserader zu Verfügung. Zudem musste, wenn es keine oberirdische Quelle gab, genau jener Punkt getroffen werden, der am dichtesten an der Erdoberfläche lag. Im regenreichen Mitteleuropa ist es nicht sehr schwer, eine Grundwasserader zu finden, um an ihr einen Brunnen anzuschließen. Für den eigenen Garten oder die Viehversorgung wird heute in der Regel ein so genannter Kieselfilterbrunnen angelegt. Hier wird zwischen dem Brunnenfilterrohr und der Wasser führenden Erdschicht eine ausreichende Kiesschüttung eingebracht, die das Eindringen von Sand verhindern soll.

Wasser ist eines der kostbarsten Güter des Menschen. Bereits heute haben mehr als eine Milliarde Menschen keinen Zugang zu sauberem Wasser.

Veränderte Wasserqualität

Nicht jede Wasserader hat die gleiche Qualität. Seltsamerweise finden sich in der älteren Tradition nur ganz wenige Hinweise über die schädliche Wirkung von Wasseradern. Erst in den letzten Jahrhunderten häufen sich die Berichte über die Gefahren von Wasseradern. Möglicherweise hat dies damit zu tun, dass unser heutiges Wasser mit sehr vielen Schwingungen von Schadstoffen und technischen Elektrofeldern belastet ist. Denn Klärvorgänge können nur die materiellen Stoffe ausfiltern, nicht aber deren feinstoffliche Schwingungsmuster. Wir kennen dieses Phänomen aus der Homöopathie. So lässt sich auch bei sehr hohen Arzneiverdünnungen überhaupt kein materieller Rückstand des Ausgangsstoffes mehr feststellen – trotzdem ist die heilende Wirkung zweifelsfrei vorhanden. Gleiches könnte auch für die Wirkung von Umweltgiften gelten.

Wasser transportiert also Informationen in Gestalt von Schwingungsmustern, und diese können sehr unterschiedlich sein – je nach Landschaft, nach Wassertiefe, nach Schadstoffbelastung, nach Jahreszeit oder auch nach atmosphärischen Qualitäten. Dies alles macht es nicht einfach, zu einheitlichen wissenschaftlichen Ergebnissen hinsichtlich von Wasseradern zu kommen.

Die Qualität und Wirkung von Wasseradern ist sehr unterschiedlich. Das genau macht es so schwierig, zu allgemein gültigen Aussagen zu kommen.

Ein Bad im Wasser heiliger Quellen ist für Gesundheit und Wohlbefinden ausgesprochen förderlich.

Weihwasser und Heilwasser

Positiv macht man sich die Speicher-
qualität des Wassers bei Weihwasser
zunutze. Dabei wird gewöhnliches
Wasser über ein Ritual mit einer heilenden Botschaft »informiert«, die sich
auf Menschen überträgt, die mit diesem Wasser in Berührung kommen.
Unabhängig von religiösen Zeremonien scheint es aber auch besondere
Quellen zu geben, die sehr heilsame
Schwingungen transportieren. So
sind viele Heilbäder und Wallfahrtsor-
te entstanden. Man denke z. B. nur an
die Quellen von Lourdes. In Indien gilt
der Ganges als der heilige Fluss, in
dem täglich viele Tausende Menschen
ihr rituelles Bad nehmen. Er trägt sehr
viel heilende Energie in sich.

Bevor wir uns noch ausführlicher mit
diesen geheimnisvollen Speicherqua-
litäten des Wasser befassen, wollen
wir einen Blick darauf werfen, wie sich
Wasser in der Erde verhält. Viele Bau-
herren wissen um das Problem, die
Baugrube trocken zu halten. Ständig
fließt Wasser nach, drückt die Erde
nach oben, und Pumpen müssen eingesetzt werden, weiterarbeiten zu
können. Besser wäre es, vorher das
Grundstück auf Wasseradern, insbesondere Drainagewasseradern zu
untersuchen.

Drainageströme

Diese Wasseradern funktionieren wie
Abflusskanäle des Sickerwassers zum
Grundwasser und sind natürlich
besonders zu Regenzeiten oder in
Hanglagen sehr aktiv. Aber selbst
wenn das Haus gebaut ist, können

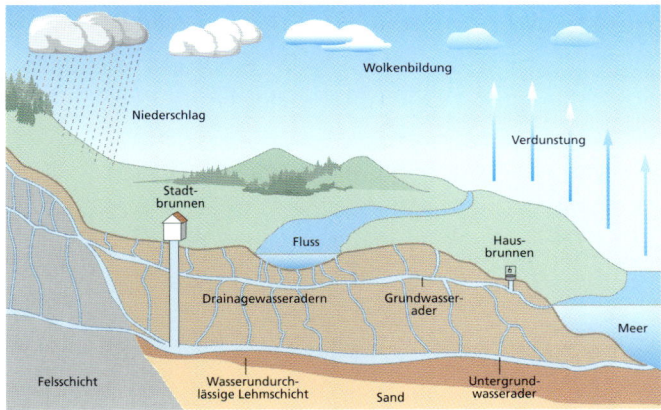

diese Drainageströme den Kellerwän-
den trotz Schutzschichten und Drai-
nageleitungen arg zusetzen.

Doch bevor man nun die ganze Drai-
nageleitung um das Haus wieder auf-
buddelt und größere Rohre legt, ist
es in jedem Fall empfehlenswert, diese Drainagewasserader mit der Rute
ausfindig zu machen und auf dem
Grundstück an der entsprechenden
Stelle einen tiefen Sickerbrunnen
anzulegen.

*Es ist sinnvoll, Brunnen
an Drainagewasser-
adern anzulegen, da
diese sehr zuverlässig
Wasser führen.*

Grundwasserströme und Grundwasserseen

Normalerweise bildet Grundwasser keine größeren Wasseradern, sondern hat eher die Gestalt eines ruhenden Sees, dessen Wasser langsam durch die Sandschichten nach unten absickert – anders an Hängen oder in der Nähe von Flüssen oder Seen. Hier bilden sich vielfach Wasseradern, ähnlich wie in einem Deltagebiet. Das Grundwasser in der Nähe von Flüssen und Seen strömt ähnlich langsam wie in einem Binnensee zwischen Zufluss und Abfluss. Bei starken Regenfällen kann sich allerdings die Fließgeschwindigkeit in den Grundwasserströmen erheblich erhöhen. Grundwasseradern sind für Brunnenbohrungen natürlich besser geeignet als Drainageadern, weil sie konstant Wasser führen. Allerdings muss man herausfinden, wo eine Grundwasserader fließt und wo nur eine »Grundwasserpfütze« vorhanden ist. Generell sollte man nach einem Brunnenquell am besten in der Sommerzeit suchen, um sicherzugehen, dass die Wasserader nicht nur zeitweise im Frühjahr nach starken Regenfällen oder nach der Schneeschmelze Wasser führt.

Untergrundströme

Untergrundströme fließen unterhalb des Grundwassers über einer wasserundurchlässigen Erdschicht. In ihnen sammelt sich das Wasser wie in großen Flüssen und fließt in beliebiger Richtung zum Meer ab. Untergrundwasseradern befinden sich in einer Tiefe zwischen 30 und mehr als 1000 Metern. Sie können eine ähnliche Ausdehnung annehmen wie jeder andere oberirdische Fluss. Das Spektrum reicht also vom kleinen Bachformat bis hin zu einer Länge und Größe wie beispielsweise die Donau. Diese Untergrundwasseradern verfügen oft über eine hervorragende Trinkwasserqualität und werden zur Versorgung größerer Städte gezielt angebohrt – wenn man denn eine Stelle findet, die nicht allzu weit unter der Erdoberfläche liegt. Brunnen können natürlich nicht endlos tief gebohrt werden. Untergrundströme sind natürlich in ihrer Höhe und Breite durch das Erdreich begrenzt. Dies führt dazu, dass Untergrundströme durch den Druck des nachfolgenden Wassers auch Höhenunterschiede überwinden können und sich je nach Gesteinsschicht ihren weiteren Weg suchen.

Unberechenbar in Verlauf und Wirkung

Der genaue Verlauf und die Ausdehnung insbesondere von kleineren Wasseradern ist im Gegensatz zum oberirdischen Fluss kaum vorhersehbar. Man muss Meter für Meter mit der Rute ausloten. Aufgrund der Drucksituation und der Reibung mit metallhaltigen Erdschichten können sich um Wasseradern starke elektromagnetische Felder bilden. Diese Felder wiederum bündeln und elektrisieren die aus dem Inneren der Erde direkt nach oben gehenden Erdstrahlen. Nur wenige Kilometer unter der Erdoberfläche glüht die Erde und baut Druck auf, der gasförmig nach außen dringt. Diese gebündelten Erdstrahlen können u. a. zu erheblichen Ladungsveränderungen des Erdmagnetfeldes an der Oberfläche führen. So kann man über Wasseradern manchmal eine über 100-mal stärkere Ionisation (elektrische Ladung) der Luft messen. Diese Ladung hat man sich früher auf ganz eigene Weise zunutze gemacht. Auch wenn man noch nichts von Volt, Ampère, Watt und dergleichen wusste, so wusste man doch, dass Wasseradern stimulierend wirken können.

Im Nickel-Eisen-Kern der Erde geschehen permanent atomare Reaktionen, bei denen negativ geladene Elektronen freigesetzt werden. Sie sind wesentlicher Bestandteil der Erdstrahlen.

Es gilt seit jeher als große Kunst, Brunnen so zu bohren, dass sie nicht versiegen.

Wasseradern können stimulieren

Man kann die stimulierende Wirkung von Wasseradern auch positiv nutzen. Bereits in früheren Jahrhunderten entstanden viele heilige Stätten zu diesem Zweck auf Wasseradern.

Misst man heute beispielsweise eine alte Kirche mit der Rute aus, so kann man fast ausnahmslos feststellen, dass entweder die Kanzel, das Taufbecken oder der Altar gezielt auf einer Wasserader platziert worden sind. Welche Übelegungen verbergen sich dahinter?

So Sie Gelegenheit haben, dann machen Sie einmal einen kleinen Test: Stellen Sie sich entspannt auf einen Platz unter der Kanzel, am Taufbekken oder vor dem Altar. Schließen Sie die Augen, und versuchen Sie eine Weile gedankenleer nur zu fühlen und zu spüren. Alsbald werden Sie wahrscheinlich beobachten, wie sich Ihr Körper angeregt und irgendwie gela-

Ein Foto des bekannten Ratzeburger Doms finden Sie auf Seite 75.

den anfühlt. Das ist die Wasserader. Wasseradern können den menschlichen Organismus stimulieren, und diesen Effekt hat man sich in früheren Zeiten zur Unterstützung nicht nur sakraler Handlungen zunutze gemacht. Denn noch bis vor wenigen Jahrhunderten richtete man auch den Grundriss von Schlössern und Burgen am Verlauf von Wasseradern aus. Auf dem Grundriss links kann man sehr schön erkennen, wie kunstvoll man den Dom mit den Kräften der unterirdischen Wasseradern verbunden hat: Das gesamte Hauptschiff orientiert sich an der Fließrichtung zweier Grundwasserströme (1, 3) und wird wie auf Armen getragen von einem großen breiten Untergrundstrom, der in den angrenzenden Ratzeburger See mündet. An der Stelle, wo sich die Wasseradern 1 und 2 kreuzen, befand sich früher ein Nebenaltar. Das Taufbecken und die Kanzel befinden sich im Bereich der Wasserader 2. Diese wiederum wird gekreuzt von Wasserader 3, die direkt zum Hauptaltar verläuft. Wer heute den Ratzeburger Dom betritt, spürt sehr bald die kraftvolle und heilsame Energie dieses Gebäudes – und dies gilt für fast alle alten Kirchen und Kathedralen. Die alten Baumeister verfügten über ein profundes Wissen hinsichtlich der Ausstrahlung von Wasseradern, geometrischen Proportionen oder spezifischen Formgebungen, mit denen sich solche heiligen und heilenden Räume schaffen ließen. Erst vor einiger Zeit hat man begonnen, dieses alte Wissen wieder zu entdecken und zu nutzen – und das Rutengehen erlebt heute unter Architekten und Bauherrn eine unerwartete Renaissance.

Wasseradern können erschöpfen

Ob eine Wasserader stimulierend oder eher erschöpfend und zermürbend wirkt, wird auch damit in Verbindung gebracht, ob sich das Wasser in seinem Zellverhalten rechts- oder linkszirkulär bewegt. Wir kennen ein ähnliches Phänomen aus der Medizin. Dort weiß man aus Laboruntersuchungen, dass sich das Blut gesunder Menschen immer rechtszirkulär bewegt.
Die Rechts- bzw. Linksdrehung gehört zu den Grundeigenschaften und Polaritäten des Lebens. Die Rechtsdrehung zieht Energie zum Zentrum hin und erzeugt Materie und Vitalität, während die Linksdrehung Energie abgibt und Materie auflöst. Insbesondere linkszirkuläre Was-

seradern können für die menschliche Gesundheit sehr problematisch sein.

Wasseradern – eine Gefahr für die Gesundheit?

Grundsätzlich muss man zunächst feststellen: Die Dosis macht das Gift. Wer sich einige Stunden oder auch ein paar Tage über einer Wasserader aufhält, wird vielleicht einen etwas aufgekratzten oder auch erschöpften Zustand bei sich feststellen, aber er wird nicht krank werden. Anders aber, wenn jemand jede Nacht auf einer Wasserader schläft oder seinen Schreibtischstuhl direkt über einer Wasserader aufgestellt hat. Dann kann in der Tat aus dem belebenden Wasser ein aufreibendes oder zu aufregendes Wasser werden. Für Wasseradern gilt, dass die Zeitdosis der entscheidende Faktor ist. Robuste Naturen können möglicherweise viele Jahre auf einer Wasserader schlafen, ohne dass sich Gesundheitsstörungen bemerkbar machen. Für einen kleinen Säugling können schon drei Wochen viel zu viel sein, zumal er sich auch noch nicht von der belastenden Stelle wegbewegen kann, was größere Kleinkinder nachts instinktiv tun. Plötzlicher Kindstod könnte die Folge von Erdstrahlenbelastung sein.

Der Charakter einer Wasserader wird durch die Rechts- oder Linksdrehung des Wassers bestimmt.

Neben den Brunnen sind es die Wasser-

quellen, die unendlich wichtig sind für das

Leben von Tieren und Menschen.

Verschiedene
Wasserquellen

Ohne die zentrale Wasserversorgung wäre ein Leben, so wie wir es heute führen, kaum denkbar. Leitungswasser hat jedoch eine andere Qualität als Quellwasser.

Warum Quellwasser so gut ist

Wer jemals auf einer Bergwanderung an eine frische Quelle gekommen ist und aus dieser getrunken hat, weiß etwas über den Unterschied von Leitungswasser und Quellwasser. Quellwasser schmeckt frischer, geschmeidiger und energievoller. Womit hängt das zusammen? Quellwasser ist weich. Leitungswasser, das durch kilometerlange Rohre gepresst wird, verliert an Elastizität. Die Oberflächenspannung wird zunehmend härter. Dies hat zur Folge, dass das Wasser die Nährstoffe weniger gut zu den Zellen transportieren kann und auch der Abbau der Schlacke weniger gut funktioniert. Viele Hobbygärtner und Blumenzüchter wissen intuitiv um dieses Problem und lassen deshalb Leitungswasser erst einmal über Nacht in der Gießkanne stehen, damit es sich wieder entspannen kann, bevor sie es den Pflanzen geben. Oder sie benutzen ohnehin nur Regenwasser, denn Regenwasser hat ähnlich wie Quellwasser eine wesentlich elastischere Oberflächenspannung und ist deshalb um vieles besser zur Ernährung und Wässerung geeignet als Leitungswasser.

Energiereiches Quellwasser

Leitungswasser ist in der Regel linkszirkulär und Quellwasser rechtszirkulär. Quellwasser reinigt sich über den Weg der so genannten Implosion, d. h., das Wasser entwickelt in seinem Verlauf einspulende Bewegungen (Strudel). Durch diese zentripetale Verwirbelung werden zum einen organische Dreckstoffe gelöst, zum anderen wird Sauerstoff aufgenommen. Leitungswasser hingegen wird über den Weg der zentrifugalen Explosion gereinigt. Dabei wird es gleichsam geschleudert, verliert dadurch an Sauerstoff und Energie und ist im extremen Fall »tot«. Deshalb fühlt man sich nach einem Bad in der Badewanne oder Badeanstalt vielleicht so schlapp und müde – im Unterschied zum Bad im Meer oder Quellfluss. Der Sauerstoff- und Energiegehalt ist ein völlig anderer. Neben diesem grundsätzlichen Qualitätsunterschied zwischen Leitungswasser und Quellwasser gibt es

Quell- und Regenwasser sind weicher und elastischer als Leitungswasser; sie transportieren deshalb auch die Nährstoffe besser.

natürlich auch noch große Unterschiede bei den Quellen selbst. Diese hängen wiederum auch damit zusammen, aus welcher Wasserader die Quellen gespeist werden.

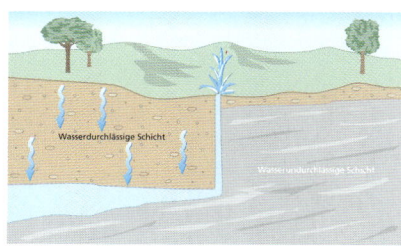

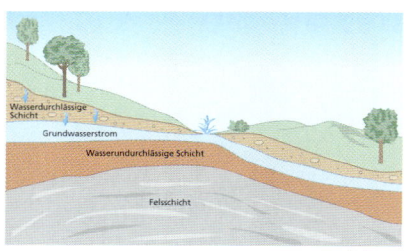

oben: Wasseraustritt bei einer Verwerfungsquelle.
unten: Bei der Talquelle tritt das Wasser ohne großen Druck an die Oberfläche.

Wo Quellen auftreten

Eine Quelle bildet sich entweder dort, wo eine Wasser führende Schicht oder eine Wasserader die Erdoberfläche schneidet oder wo die geologisch-tektonischen Gegebenheiten das Wasser zum Austritt zwingen. Man unterscheidet dabei folgende Quelltypen:

Talquelle

Der Grundwasserstrom unter einem Berg kommt in einem Tal an die Oberfläche. Meistens bilden sich dann kleine oder auch größere Flüsse.

Verwerfungsquelle

Sie tritt auf, wenn das Wasser durch eine geologische Verwerfung auf eine wasserundurchlässige »Wand« trifft

und auch nicht nach unten abfließen kann. Das nachdrückende Wasser zwingt zum Austritt nach oben. Ursprung des Wassers kann auch eine (sehr saubere) Untergrundwasserader sein.

Aufsteigende Schichtquelle

Diese Quellen findet man oft unter Bergkuppen.
Manchmal zeigen sich an Berghängen Quellen in fast gleicher Höhenlage. Dann spricht man von der Quellhorizontlinie. Oberflächenwasser, das im Erdreich versickert, bildet über einer wenig oder gar nicht wasserdurchlässigen Schicht einen Grundwasserstrom oder regelrechte Grundwasseradern. Weil dieses gesammelte Oberflächenwasser die feuchte Erde gleichsam zum Quellen bringt, entsteht Platzmangel im Erdreich, und das Wasser ist gezwungen, nach oben auszuweichen. Wir kennen dieses Phänomen, wenn im Frühjahr oder Herbst die Wiesen und Weiden unter Wasser stehen.

Heiße Quellen

Bei heißen Quellen tritt Wasser aus einer großen Tiefe an die Erdoberfläche. Je tiefer der Ursprung liegt, umso mehr wird das Wasser von der

Hitze des Erdinnern erwärmt oder gar zum Kochen gebracht. Manchmal tritt das Wasser aber nicht bis zur Oberfläche durch, sondern vermischt sich mit einem Grundwassersee oder -strom. Man kann zuweilen den »warmen« Charakter der darüber liegenden Landschaftszone deutlich fühlen. Im Frühjahr schmilzt der Schnee auf diesen Zonen erkennbar früher als in anderen Bereichen.

Verschiedene Quellentypen

Je nach der Dauer des Wasseraustritts im Laufe eines Jahres gibt es folgende Quellentypen:

- Permanente Quellen
- Periodische Quellen
- Episodische Quellen
- Intermittierende Quellen

Permanente Quellen

Permanente Quellen, d. h. Quellen, die kontinuierlich das ganze Jahr über fließen, entspringen meist einer Wasserader aus dem Bereich der Grundwasser- oder Untergrundströmung. Ihr Wasseraufkommen ist relativ konstant und verlässlich. An permanenten Quellen lässt sich gut eine Viehtränke einrichten oder die Gartenbewässerung anschließen.

Periodische Quellen

Dies sind in der Regel Quellen, die nur zu bestimmten Jahreszeiten aktiv sind, zumeist im Frühjahr oder Herbst. Man kann sie nutzen, um Wassersammelbecken zu füllen, aus denen man dann im Sommer beispielsweise den Obstgarten wässert.

Episodische Quellen

Hier sind Quellen gemeint, deren Auftreten keinem festen Rhythmus folgt. Hintergrund können z. B. besonders starke Regenfälle oder Schneeschmelzen sein. Der Ursprung liegt in einer Drainagewasserader.

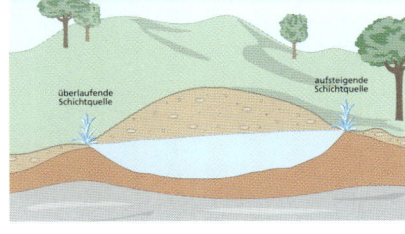

Intermittierende Quellen

Hierzu zählt man u. a. auch die Geysire. Intermittierende Quellen legen aus bisher noch unerforschten Gründen kürzere oder längere Ruhepausen ein, bevor sie dann springbrunnenartig ihr Wasser ausschütten. Ihr Wasser schöpfen Sie zumeist aus Untergrundströmen.

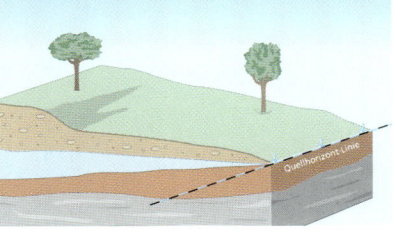

oben: Bergkuppen zwingen diese Quellen zum Austritt.
unten: Hier tritt das Wasser entlang einer mitunter sehr langen Linie (Quellhorizontlinie) aus dem Erdreich aus.

In der Natur kann das geschulte Auge

oft zahlreiche Hinweise auf mögliche

Wasseradern finden.

Auswirkungen *von* Wasseradern

Wasseradern beeinflussen das Wachstumsverhalten bestimmter Bäume und Pflanzen. Rutengeher kennen diese Phänomene und achten darauf sehr genau.

Bäume

Wer mit seiner Rute eine Wasserader ausfindig machen möchte, tut gut daran, zuvor die Landschaft genau zu beobachten. Denn es gibt bestimmte Indizien in der Natur, die mit sehr großer Wahrscheinlichkeit eine unterirdische Wasserader vermuten lassen. Am auffälligsten sind ganz bestimmte Besonderheiten an Bäumen.

Blitzeinschlag in Bäumen

Zuallererst sollte man danach schauen, ob sich irgendwo Bäume befinden, die von einem Blitz getroffen wurden. Ist dies der Fall, kann man mit fast hundertprozentiger Sicherheit davon ausgehen, dass dieser Baum auf einer Wasserader steht. Oft sind die betroffenen Bäume Eichen oder Ahorn. Diese Bäume zählen zu den so genannten Strahlensuchern und bevorzugen für ihr Wachstum das energetische Reizklima einer Wasserader. Aber natürlich wachsen auch Strahlenflüchter auf Wassera-dern und können ebenso vom Blitz getroffen werden.

Schiefwuchs

Ein anderes Indiz für Wasseradern ist der Schiefwuchs des Baumes. Dabei muss man zunächst sorgfältig prüfen, ob dieser Schiefwuchs nicht aufgrund von bestimmten Windverhältnissen eingetreten ist. Ist dies nicht der Fall, sollte man schauen, ob der Baum gleichmäßig schief steht oder ob er an einer bestimmten Stelle seinen Wuchs wieder senkrecht nach oben ausrichtet. Tut er dieses, kann man mit großer Sicherheit davon ausgehen, dass er im Bereich einer Wasserader wächst. Apfel- und Kirschbäume neigen besonders dazu.

Oberflächenwurzeln

Manche Bäume entwickeln über Wasseradern die Neigung, ihre Wurzeln weniger in die Tiefe als mehr in die Breite auszudehnen. Dies kann dazu führen, dass einige Wurzeläste gar nicht in den Erdboden eindringen und sichtbar bleiben. Insofern können entwurzelte Bäume auch einen Hinweis auf Wasseradern geben. Gleichfalls hätte man eine Erklärung dafür, warum auch kräftige Bäume einer Windboe zum Opfer fallen können.

Achten Sie auf alle Bäume, die irgendwie anormal gewachsen sind. Es könnten Hinweise auf Wasseradern sein.

Zwillingsbäume/Zwiesel-wuchs

Ein weiteres Indiz für unterirdische Wasseradern sind Bäume, die sich

bereits direkt über dem Boden in zwei Stämme teilen oder Zwieselwuchs ent-wickeln. Sie fliehen gleichsam von Geburt an vor dem Einfluss der Wasser-ader und versuchen auszuweichen. Manche dieser Bäu-me sind auch mit Efeu bewachsen

Der Zwieselwuchs eines Baumes beginnt zumeist bereits unten am Stamm.

oder sehr vermoost. Diese Pflanzen lieben das Reizklima einer Wasser-ader und können einen Teil der Aus-strahlungen absorbieren und für sich nutzen.

Drehwuchs

Diese Anomalität im Baumwuchs deutet auf eine Wasseradernkreuzung hin und kann auch Bäume befallen, die eigentlich zu den Strahlensuchern gehören. Ein solcher Baum scheint nicht zu wissen, wohin er wachsen oder fliehen soll. Wie er sich auch dreht und windet, es gibt kein Entrin-nen. Eine Wasseradernkreuzung bestimmt sein Schicksal.

Strahlenflüchter

Apfelbaum ⚬ Buche ⚬ Flieder ⚬ Kakteen
Kirschbaum ⚬ Linde ⚬ Magnolie ⚬ Palmen

Strahlensucher

Ahorn ⚬ Aprikosenbaum ⚬ Birnbaum ⚬ Eiche ⚬ Erle
Fichte ⚬ Haselnuss ⚬ Holunder ⚬ Lärche ⚬ Pappel
Pflaumenbaum ⚬ Tanne ⚬ Wacholder ⚬ Weide

Bei Wasserkreuzungen handelt es sich nicht um die Einmündung einer Wasserader in eine andere, sondern um das Zusammentreffen zweier Wasseradern in unterschiedlicher Erdtiefe. Denkbar ist z. B., dass eine Drainagewasserader in drei Metern Tiefe einen 40 Meter tiefen Untergrundstrom kreuzt. Möglicherweise fließen beide in ganz unterschiedliche Richtungen. Wie wir später noch sehen werden, sind nicht nur Bäume aufgrund dieser Konstellation regelrecht verwirrt und verdreht, sondern auch Menschen können »durchdrehen«, wenn sie jede Nacht ihren Kopf auf solch eine Stelle legen.

Krebsgeschwulste an Bäumen

Krebsgeschwulste sind ein weiteres Indiz für das Vorhandensein von Wasseradern. Sie können sich sowohl an Strahlenflüchtern als auch an Strahlensuchern bilden. Aber nicht immer muss eine Wasserader die Ursache sein. Möglich ist auch, dass dieser Baum auf einer Gitterkreuzung des erdmagnetischen Feldes wächst. (Was es damit auf sich hat, werden wir im nächsten Kapitel ausführlich darstellen.) Krebsgeschwüre können sich aber auch aufgrund von Umwelt-

einflüssen und Elektrosmogbelastungen bilden.

Typischer Drehwuchs in den Ästen.

Bei Krebserkrankungen ist das Gleichgewicht von Zellaufbau und Zellabbau aus dem Lot geraten, und so kommt es zu Zellwucherungen. Wie Sie an anderer Stelle noch sehen werden, besteht eine Wirkung von Wasseradern darin, die Zellsteuerung zu beeinflussen, denn die elektrisch aufgeladenen Erdstrahlen »irritieren« die vegetativen Steuerungsprozesse. Bäume überleben Krebsgeschwüre, denn sie sind sehr robust in ihrer Konstitution; Obstbäume tragen möglicherweise deutlich weniger Früchte. Sie verbrauchen selbst sehr viel Energie, um nicht aus dem Lot zu geraten. Krebsgeschwüre an Bäumen sollte man nicht entfernen, sonst könnten an der Stelle andere Krankheiten entstehen.

Ein Baum mit einer Krebsgeschwulst.

Tiere

Frei lebende Tiere haben ein sicheres Gespür für ungute Plätze und meiden diese instinktiv – wenn sie nicht zu den Strahlensuchern zählen.

Von Tieren kann man lernen, auf sein Gefühl und seinen Instinkt zu horchen. Sie tun einfach das Richtige, weil es sich richtig anfühlt.

Wildwechsel beobachten

Bei Ihrer Suche nach einer möglichen Wasserader ist es auch wichtig, einen Blick auf die Tierwelt zu werfen. Wildwechsel führen fast immer auf einer Wasserader entlang. Deshalb ist es bei Straßenbaumaßnahmen oft auch so schwierig, die Tiere zu einem anderen Weg zu »überreden«. Ähnlich häufig findet man die Wildwechselbahnen auf einem schmalen Hohlweg oder an einer Waldschneise. Dies ist ein weiteres Indiz für Wasseradern.

Ameisen

Zu den Strahlensuchern unter den Tieren zählen insbesondere die Insekten, so auch die Ameisen. Treffen Sie bei Ihrer Suche nach einer Wasserader auf einen oder gar mehrere Ameisenhaufen, können Sie fast mit hundertprozentiger Sicherheit davon ausgehen, dass Sie fündig

Finden Sie einen Ameisenhaufen, können Sie sicher sein, dass er auf oder nahe bei einer Wasserader liegt. Ameisen lieben die Strahlung.

geworden sind. Auch die Bienen, Wespen, Schlangen, Eulen und Wasservögel zählt man zu den Strahlensuchern. Sie suchen ebenfalls das energetische Reizklima über einer Wasserader oder Wasserstelle. Alle anderen wild lebenden Tiere zählt man zu den Strahlenflüchtern.
Die meisten Tierhalter, -züchter und Landwirte haben ein gutes Gespür dafür, wenn sich ihre Tiere unwohl fühlen, und versuchen, einen anderen Platz im Stall oder Haus zu finden. Oft hilft es, denn die meisten Nutz- und Haustiere sind Strahlenflüchter – mit Ausnahme der Katze.

Katzen

Katzen waren schon immer irgendwie anders. Nachts werden sie putzmunter, streunen herum und dösen tagsüber am liebsten in der Sonne oder auf dem Wohnzimmersessel. Katzen suchen mit Vorliebe Plätze, die sich direkt auf einer erdstrahlenbelasteten Zone befinden, und werden nicht krank. Wenn Ihre Katze also nachts am liebsten zu Ihnen ins Bett kommt und an Ihrer Seite schlafen möchte, dann ist dies nicht unbedingt Ausdruck überschäumender Anhänglichkeit, sondern mit großer Wahrscheinlichkeit ein Hinweis darauf, dass Ihr

Bett auf einer für Sie ungünstigen Zone steht. Katzen sind in diesem Sinne ganz hervorragende Gefahrenmelder.

Hunde

Hunde sind Strahlenflüchter und suchen sich nie einen Schlafplatz über einer Wasserader. Versuchen Sie also nicht, Ihren Hund zu einem Schlafplatz zu überreden, auf den er nicht will. Wenn Sie aber morgens Ihren Hund bei sich am Bettende finden, ist das für Sie ein gutes Zeichen: Ihr Bett steht auf keiner erdstrahlengefährlichen Zone.
Wenn unter einem Hundezwinger eine Wasserader verläuft, kann man beobachten, wie sich die Hunde in eine Ecke quetschen oder den Zaun ausbeulen. Ansonsten laufen sie unruhig hin und her. Bei länger anhaltender Belastung werden Hunde aggressiv, entwickeln Fluchtverhalten, und ihr Fell wird stumpf.

Pferde

Pferde laufen in einer Box, die über einer Wasserader gebaut ist, nervös hin und her, sind leicht reizbar und scheuen vielleicht gar, wenn sie in die Box zurückgeführt werden sollen. Wird die Ursache nicht erkannt und

Katzen suchen erdstrahlenintensive Plätze und sind somit ausgezeichnete Gefahrenmelder für den Menschen.

behoben, können sich Anämie, Rheumatismus und Lähmungen einstellen.

Schweine

Schweine verfügen über einen sehr weichen Energiekörper, und ihre gesundheitliche Belastbarkeit und Widerstandsfähigkeit sind sehr gering – vor allem dann, wenn sie nur noch unter künstlicher Sonne im Stall gemästet werden. Schweine reagieren auf Wasseradern äußerst empfindlich und quieken um ihr Leben. Allerdings ist ihre Widerstandskraft rasch erloschen, und sie ergeben sich apathisch ihrem Schicksal. Die Fresslust nimmt dann rapide ab. Ferkelruhr und andere schwer wiegende Krankheiten stellen sich ein. Bei einem Zuchteber ist die Zeugungskraft gefährdet, und Impotenz kann die Folge sein.

Rinder

Rinder gelten als widerstandsfähig und sind nicht leicht aus der Ruhe zu bringen. Auf Wasseradern aber reagieren sie geradezu allergisch. Bei der modernen Boxenlaufstallhaltung drängen sie sich an die äußerste Wand und verharren dort. Gelingt es ihnen nicht, einen unbelasteten Platz zu finden, sinkt bei den Kühen die Milchleistung, und im schlimmsten

Tiere reagieren sehr unterschiedlich auf Wasseradern, aber sie reagieren alle. Seltsamerweise hat der Mensch dieses natürliche Reagieren verlernt.

Fall kommt es zu Verkalbungen. Bevor man ständig den Tierarzt ins Haus holt, sollte man unbedingt eine gründliche Rutenbegehung durchführen. Gleiches gilt auch, wenn neue Stallgebäude geplant werden.

Ziegen und Schafe

Ziegen und Schafe sammeln sich im Stall auf einer ungestörten Zone und quetschen sich notfalls regelrecht aneinander, ohne dabei aggressive Verhaltensweisen zu entwickeln. Lässt sich ein solcher Platz nicht finden, wird das Fell binnen kurzer Zeit stumpf, und die Ziegen geben alsbald schon keine Milch mehr.

Hühner

Der Energiekörper von Hühnern vibriert in sehr kurzen Wellenlängen. Sie strahlen alles andere als Ruhe und Dickfelligkeit aus. Die geringste Störung, sei es das Klappern einer Tür oder das Umfallen eines Eimers, bringt sie aus dem Gleichgewicht. Hühner sind außerordentlich reizempfindlich und entwickeln über Wasseradern ein ausgesprochen aggressives Verhalten. Sie bekommen regelrechte Todesangst, flüchten in die äußersten Ecken und liefern sich erbitterte Kämpfe um die wenigen

Überlebensplätze. Dabei picken sie sich gegenseitig die Federn aus und bringen sich eventuell sogar gegenseitig um. Diese Todesangst wird biologisch verständlich, wenn man die Eier von Hühnern, die auf einer Wasserader leben, in der Hand hält. Die Schale ist hauchdünn, und dies bedeutet, dass die Fortpflanzungsfähigkeit bedroht ist. Dies spüren die Hühner instinktiv und kämpfen mit Hauen und Stechen um das Überleben ihrer Art.

Enten, Tauben und Fasane

Auch bei diesen Tieren lässt sich die Bedrohung der Fortpflanzungsfähigkeit beobachten, wenn sie über längere Zeit den Belastungen durch eine Wasserader ausgesetzt sind. Fasane legen z. B. Eier mit einer derart dicken Schale, dass sie von den Küken beim Schlüpfen nicht durchbrochen werden kann. Bei Enten wird von völliger Sterilität berichtet. Nach der Schlachtung konnte man feststellen, dass die Eierstöcke völlig verkümmert waren. Von Taubenzüchtern liegen Berichte vor, dass die Tauben in bestrahlten Schlägen immer wieder von Unruhe gepackt werden, die Nester verlassen und so das Ausbrüten der Eier misslingt.

Vögel

Vielleicht haben Sie schon einmal unter einem Dachgiebel die sonderbare Beobachtung gemacht, dass zwischen einer ganzen Batterie von Schwalbennestern an einer Stelle plötzlich eine Lücke klafft. Wenn Sie nun die Rute zur Hand nehmen, werden sie feststellen, dass genau an dieser Stelle Ihre Rute reagiert. Vögel, auch Ziervögel, meiden Wasseradern oder andere Störzonen. Störche nisten nur auf Plätzen, die absolut störungsfrei sind.

Wer sich zu den glücklichen Besitzern eines Wellensittichs zählt, sollte unbedingt darauf achten, dass der Käfig störungsfrei steht. Schilddrüsenkrebs könnte sonst die Folge sein.

Vögel haben wie alle anderen Tiere einen außerordentlich ausgeprägten Instinkt und meiden Wasseradern.

Garten- und Gemüsepflanzen

Auch im Garten gibt es Strahlensucher und Strahlenflüchter. Durch einfaches Umpflanzen kann man sich manchen Kummer und nutzloses Düngen ersparen. Ich erinnere mich

Es müssen viele Faktoren zusammenspielen, damit es im Garten richtig blüht. Sollte es trotz aller Mühen nicht klappen, ist möglicherweise eine Wasserader die Ursache.

Wachstumsverhalten auf Wasseradern

	gedeiht besser	neutral	gedeiht schlechter
Ahorn	x		
Apfel	x		
Aprikose			x
Birke	x		
Birne	x		
Bohne	x		
Buche			x
Eiche	x	x	
Erbse			x
Erdbeere			x
Erle	x		
Gurke		x	
Himbeere			x
Holunder	x		
Kastanie	x		
Kohlrabi		x	
Linde			x
Möhre	x	x	
Pflaume	x		
Rhododendron		x	
Salat		x	
Schnittblumen			x
Stachelbeere	x		
Tomate			x
Weide	x		

an eine Rutenbegehung, wo eine Wasserader diagonal durch den Garten
verlief. Direkt darauf stand ein prächti-
ger Birnbaum. Mehr nebenbei
bemerkte ich gegenüber den Garten-
besitzern, dass sie wahrscheinlich lange auf einen passablen Ertrag hätten
warten müssen, wenn hier eine Kirsche
gestanden hätte. Und so war es tatsächlich: Erst vor kurzem hatte man
nach zwanzig Jahren vergeblichen War-
tens auf saftige Früchte einen Kirschbaum gefällt, der nur wenige Meter
vom Birnbaum entfernt auch auf dieser Wasserader gestanden hatte.

Obstgehölzer

Allgemein lässt sich sagen, dass der
Fruchtertrag bei Obsthölzern wie
Johannisbeeren, Himbeeren und
Brombeeren deutlich geringer ausfällt,
wenn sie auf einer Wasserader stehen.
Eine Ausnahme bilden nur der Birn-
und der Pflaumenbaum. Sträucher treiben zwar reichlich Blüten, schlimmstenfalls aber bildet sich nicht eine einzige Frucht, oder aber diese sind
unverhältnismäßig klein und mit Nar-
ben überzogen. Gartensträucher sind
insgesamt relativ unempfindlich
gegenüber Wasseradern. Meistens
geht ihr Wuchs dort aber mehr in die
Breite als in die Höhe.

Gartenblumen

Narzissen, Gladiolen, Rosen, Tulpen
und die meisten anderen Gartenblu-
men haben auf Wasseradern Mühe,
ihre Pracht und
Schönheit voll zu
entfalten. Man
bepflanzt diese Stel-
len besser mit
Bodengewächsen,
die relativ robust
und widerstandsfä-
hig gegenüber Was-
seradern sind.

Kräuter

Kräuter aller Art
bevorzugen Wasser-
adern für ihren Standort. Sie wachsen dort prächtig. Dies gilt allerdings
auch für Brennnesseln.

*Blumen gehören zu den
Strahlenflüchtern. Sie
gedeihen auf Wasser-
adern nicht gut.*

Vorratsräume

In früheren Zeiten wurde noch viel
mehr Vorratshaltung betrieben als
heute. Heutzutage beschränkt sich
das in vielen Haushalten auf die
Gefriertruhe und das Weinregal. Aber
auch dafür ist es nicht unerheblich,
wo Sie diese Vorräte aufbewahren.
Generell lässt sich sagen, dass die
Lagerung von Lebensmitteln auf Wasseradern äußerst ungünstig ist.

Kräuter lieben
Wasseradern. Sie
gedeihen dort
prächtig.

Kartoffeln treiben binnen kurzer Zeit Keimlinge aus. Frisches Obst und Gemüse verfaulen wesentlich schneller, und auch Eingemachtes hält sich weniger lange. Frisches Brot schimmelt sehr schnell. Bier und insbesondere Wein büßen etwas von ihrer Geschmacksqualität ein. Lagern Sie einmal zwei Flaschen der gleichen Sorte an unterschiedlichen Plätzen: die eine auf der Wasserader, die andere an einer strahlungsfreien Stelle. Dann vergleichen Sie den Geschmack. Spätestens jetzt werden Sie ein Gefühl dafür bekommen haben, wie Wasseradern das Leben und den Geschmack des Lebens verändern.

Vorräte – auch Bier und Wein – sollte man nur auf strahlungsfreien Zonen lagern. Sie halten sich dort erheblich länger.

Gebäude und Straßen

Neben Pflanzen und Tieren können auch Bauschäden Hinweise auf Wasseradern geben, denn diese erzeugen unterirdische unruhige Schwingungsverhältnisse. Auf Dauer kann sich diese Belastung auch an Gebäuden und Häusern in Form von Rissen, Verwitterungen oder Hausschwamm niederschlagen – wenn man diese Gefährdungen nicht von vornherein beim Bau berücksichtigt, so wie es die alten Baumeister getan haben.

Mauerrisse

Als ein sicheres Indiz für Wasseradern oder andere unterirdische Spannungszustände gelten Mauer- oder Bodenrisse, die selbst kurze Zeit nach Renovierungsmaßnahmen wieder auftreten. Es muss natürlich zuvor ausgeschlossen werden, dass nicht stark befahrene Straßen oder Schienenwege hierfür verantwortlich sind.

Bodenrisse

So mancher Häuslebauer und Heimwerker kennt das seltsame Phänomen, dass die Gehwegplatten oder Terrassensteine immer an der gleichen Stelle Risse zeigen. Zunächst denkt man, der Untergrund sei vielleicht nicht richtig festgestampft. Also Ärmel aufkrempeln, Platten noch mal hochnehmen, den Sand austauschen und zum Rüttler greifen. Aber was dann, wenn sich alsbald wieder Risse zeigen? Liegt es am Material? Vielleicht sollte man ganz andere Steine auswählen. Bevor Sie sich zu solch kostspieligen Maßnahmen entscheiden, prüfen Sie mit Ihrer Rute, ob nicht Wasseradern oder andere unterirdische Spannungszustände dafür verantwortlich sein könnten. Manchmal hilft dann schon eine einfache Entstörungsmaßnahme (siehe Seite 60ff.).

Verwitterungen

Verwitterungen, die durch Wasseradern bedingt sind, zeigen sich dadurch, dass ganze Flächen oder Ecken nicht gleichmäßig betroffen sind (dies könnte auf Isolationsmängel hinweisen). Diese durch Wasseradern bedingten Verwitterungsflächen haben oft merkwürdige Umrisse, für die man nur schwer eine plausible Erklärung findet. Manchmal sind nur kleine Flächen auf dem Fenstersims betroffen, oder nur eine bestimmte Zone auf dem Dach bildet hartnäckig immer wieder neues Moos. Auch hier kann man lange nach allen möglichen Ursachen forschen. Schlimmstenfalls fällt man Büsche und Bäume in dem Glauben, dass diese dafür verantwortlich sind. Suchen Sie auch hier mit Ihrer Rute nach Wasseradern.

Hausschwamm

Hausschwamm zählt zu den unangenehmsten Gästen seiner Bewohner, und er ist gesundheitsschädigend. Manchmal hängt Hausschwamm mit ungenügender Belüftung zusammen. Dies lässt sich relativ leicht beheben. Schwieriger ist es allerdings, die

Wände wieder vollständig auszutrocknen. Doch manchmal nützt auch stunden- oder gar tagelanges Heizen nichts. Irgendwie zieht die Feuchtigkeit immer wieder ein. Wenn nicht ein Rohrbruch dafür verantwortlich ist, so kann auch hier die Ursache eine unterirdische Wasserader sein. Bevor Sie jetzt die ganze Drainage neu verlegen, versuchen Sie, die Wasserader mit der Rute ausfindig zu machen und einen Sickerbrunnen anzulegen. Wahrscheinlich haben Sie bereits damit Erfolg. Wichtig dabei ist, die Fließrichtung der Wasserader richtig zu bestimmen und den Brunnen entsprechend zu platzieren.

Eine Wasserader muss man mit einem Sickerbrunnen »abfangen«, bevor sie das Haus trifft. Dazu muss zunächst die Fließrichtung ermittelt werden.

Gegen immer wieder auftretenden Schwamm oder Nässe am Haus hilft ein Sickerbrunnen.

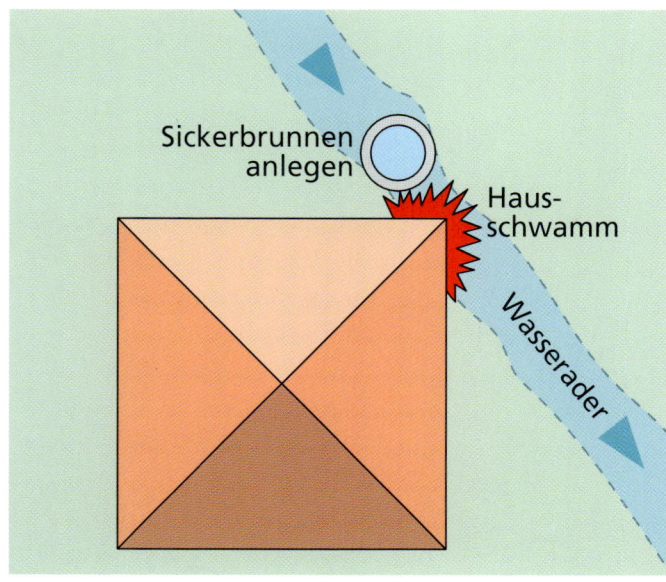

Sickerbrunnen anlegen

Hausschwamm

Wasserader

»Wasserschmecker« nennt man in der

Schweiz die Rutengeher. Kann Rutengehen

jeder lernen?

Wie *funktioniert* Rutengehen?

Rutengehen ist vermutlich so alt wie die Suche des Menschen nach Wasserquellen und guten Plätzen. Der Stab, mit dem Moses auf den Felsen schlug und Wasser in der Wüste entdeckte, war vielleicht eine Art Wünschelrute. Wer weiß? Denn der älteste Hinweis auf Rutengängerei ist datiert auf ca. 8000 v. Chr. und findet sich auf den Felsenbildern von Tassili in der nördlichen Sahara. Auch auf Bildern an den Grabstätten im Tal der Könige in Ägypten finden sich Zeichnungen von Priestern mit einer Rute in der Hand. In beinahe allen Kulturen – von den Babyloniern und Kelten bis hin zu den Germanen – wusste man um die Kunst des Rutengehens. Der zweigeteilte Stock taucht als Symbol an babylonischen Säulen, auf etruskischen Gräbern und auf Münzen aus Zypern auf. Selbst in China wusste man bereits vor 4000 Jahren um das Phänomen von Wasseradern und ihre Auswirkungen auf die Qualität eines Platzes. Etwa 2200 v. Chr. erließ Kaiser Kuang Yu ein Edikt, in dem er anordnete, dass kein Haus gebaut werden dürfe, bevor die »Erdwahrsager« nicht bestätigt hätten, dass der betreffende Platz frei von »Erddämonen« sei. Auch bei uns in Mitteleuropa kennt man seit vielen Generationen besonders unter der bäuerlichen Bevölkerung das Aufspüren von Wasseradern mit Hilfe einer Haselnuss- oder Weidenrute. Noch heute wird in manchen Gegenden ganz selbstverständlich ein Rutengeher zurate gezogen, bevor ein Haus oder Viehstall gebaut wird.

Die Wünschelrute

Im Mittelalter benutzte man die Rute auch, um verborgene Erze und Edelmetalle zu »muten«. Fortan galt das Rutengehen auch als etwas Geheimnisvoll-Magisches, und man nannte die Rute unter Eingeweihten auch »virgula divina« (göttlicher Stab). Im Volk aber sprach man mehr von der Wünschelrute. Dies hängt vermutlich damit zusammen, dass viele Rutengeher die Erfahrung machten, dass ein starker Wunsch nicht unerheblich am Erfolg des Rutengehens beteiligt ist. Wie wir später noch sehen werden, ist es in der Tat sehr wichtig, mit welcher mentalen Einstellung jemand die Rute in Gebrauch nimmt.

Der »Wasserschmecker«

Der Sprachgebrauch in der Schweiz weist auf einen anderen ganz wesentlichen Aspekt des Rutengehens hin, denn dort wird ein Rutengeher auch

»So schlägt die Wündtschel-Ruthe so wohl in eines gottlosen als frommen Menschen Hand, so ferne derselbe nur, so sie hält, darmit recht weiß umzugehen.«
Johann Philipp Büntingen, Sylva subterranea, 1693

Rutengehen gibt es seit Jahrhunderten in zahlreichen verschiedenen Kulturen. Und noch heute nehmen viele Menschen ganz selbstverständlich die Dienste von Rutengehern in Anspruch.

»Wasserschmecker« genannt. Hier spiegelt sich die bereits oben beschriebene Erfahrung wider, dass Wasser nicht gleich Wasser ist, sondern an bestimmten Orten einen anderen Geschmack, eine andere Qualität annimmt.

Die »Wickerrute«

In Niedersachen spricht man von der »Wickerrute«, was auf das Wort »wiegen« zurückgeführt wird. Dieser Sprachgebrauch orientiert sich wahrscheinlich an der wiegenden Bewegung einer auf einer Wasserader ausschlagenden Rute.

Welche Ruten gibt es?

Wenn man sich über viele Jahre mit Rutengehen beschäftigt, kann man den Eindruck gewinnen, dass es so viele verschiedene Ruten wie Rutengeher gibt. Und in der Tat ist das Angebot heute äußerst vielfältig, und doch schwört so mancher Experte unter den Rutengehern trotzdem auf seine selbst gefertigte Rute. Womit hängt das zusammen?

Ruten sind wie der verlängerte Arm des Menschen und wirken wie eine Antenne oder ein Sensor. Aus diesem Grund ist die Feinabstimmung zwischen Mensch und Rute so wichtig. Man unterscheidet heute zwischen einfachen und halbphysikalischen Ruten. Zu den einfachen Ruten zählt man die V-Rute, die Winkelrute und die Pendelrute. Profis benutzen heute aber oft eine halbphysikalische Lecherrute.

Die Lecherrute und die Grifflängentechnik

Hierbei handelt es sich um ein abgestimmtes Antennensystem der Radiästhesie, das von dem Physiker Reinhard Schneider entwickelt wurde. Es basiert darauf, dass hochfrequente elektromagnetische Wellen messbar sind und die verschiedenen Wellenlängen bestimmten Phänomenen (z. B. Wasseradern) zuordenbar sind. Im Laufe der Forschung hat sich daraus die Grifflängentechnik entwickelt. Die Rute – in der Regel V-förmig aus einem Kunststoffstab gefertigt – wird dabei an unterschiedlichen Positionen gegriffen. Die dadurch entstehenden Schenkellängen zwischen Griffposition und Rutenspitze werden als wirksame Antennenlänge angesehen, die an die zu suchenden Wellenlängen angepasst sind (weitere Informationen zu diesem Thema finden Sie unter www.argo2012.de).

Früher waren Ruten immer aus Holz gefertigt

Noch bis ins letzte Jahrhundert hinein wurden Ruten nahezu ausschließlich aus frisch geschlagenem Holz gefertigt – am besten bei Vollmond. Der Saft in den Adern sorgte für eine gute Leitfähigkeit. Es gab aber auch Zeiten, in denen das Rutengehen religiös-magisch verklärt wurde. Dann sollten Ruten nur am heiligen Pfingstfest geschlagen werden, oder aber das Rutengehen sollte mit bestimmten Gebeten und religiösen Riten begleitet werden.

V-Rute

V-Ruten gibt es als so genannte Gabelruten oder als Schleifenruten. Sie werden entweder aus Holz, Metall, Kabelfaser oder aus Plastik gefertigt. Man hält sie in Höhe des Solarplexus etwa 15 Zentimeter vom Körper entfernt und biegt die beiden Gabeln etwas nach außen, damit eine kleine Spannung entsteht.
Wenn man eine Gabelrute selbst anfertigen will, eignet sich besonders gut das Holz einer Weide, einer Haselnuss oder Erle. Man schneidet dann eine Astgabel ab, deren Äste gleich dick sind und optimalerweise einen Durchmesser von etwa acht

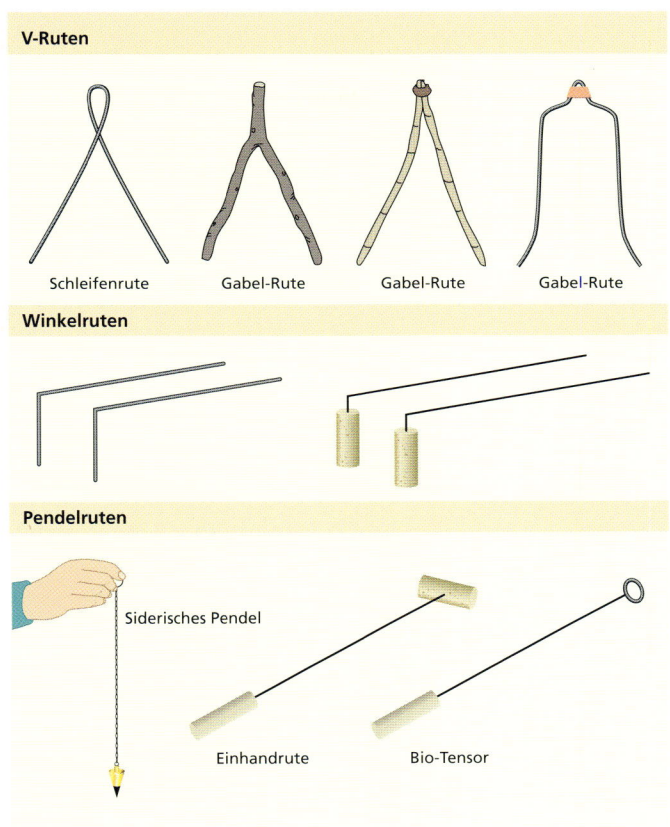

V-Ruten

Schleifenrute Gabel-Rute Gabel-Rute Gabel-Rute

Winkelruten

Pendelruten

Siderisches Pendel

Einhandrute Bio-Tensor

Millimetern haben. Die Länge der Äste sollte mindestens 35 Zentimeter betragen. V-Ruten sind besonders gut geeignet für die Arbeit im Gelände, denn Sie lassen sich auch durch Windstöße nicht aus ihrer Lage bringen. Man kann sie natürlich auch in Räumen einsetzen. Mit der V-Rute erzielt man sehr schnell die ersten groben Daten einer Untersuchung.

Hier finden Sie alle Ruten – V-Ruten, Winkelruten und Pendelruten – im Überblick.

Entwickeln Sie ein Gespür für die richtige Rutenhaltung. Dazu brauchen Sie Geduld und Übung.

Sie haben mehrere Möglichkeiten, eine V-Rute richtig zu halten.

Wie man eine V-Rute hält

Eine Gabel- oder Schleifenrute lässt sich auf verschiedene Weise in der Hand halten. Am besten, Sie probieren die unten vorgestellten Möglichkeiten einfach aus: Spannen Sie die Gabeln ein wenig auseinander, und versuchen Sie, die Rute in einem labilen Gleichgewicht leicht nach oben gewinkelt zu halten. Achten Sie darauf, dass Ihre Oberarme locker herunterhängen. Die Unterarme sind ungefähr 90 Grad angewinkelt. Dann lassen Sie die Rute durch bewusstes

Drehen der Finger Auf- und Abbewegungen machen. Auf diese Weise bekommen Sie ein Gespür dafür, wann Sie durch ungeschickte Handbewegungen die Rute selbst zum Ausschlagen bringen – was bei einer echten Begehung natürlich nicht der Fall sein soll. Üben Sie dann auch das Gehen mit der Rute. Die Rute darf nicht durch die Schrittbewegungen ausschlagen. Setzen Sie langsam Ihre Füße auf, und achten Sie auf eine gleichbleibende auseinander gehende Spannung der Rutengabeln.

Winkelrute

Die Winkelrute gilt als die Rute, mit der auch Anfänger sehr leicht erste gute Ergebnisse erzielen können. Winkelruten werden aus Metall gefertigt, und man hält sie in einem Abstand von etwa 20 Zentimetern parallel vor den Körper. Sie eignen sich besonders gut, um erd- oder elektromagnetische Anomalien aufzuspüren. Bei der Suche und Bestimmung von Wasseradern sind sie sehr gut dazu geeignet, die Flussrichtungen und eventuelle Verzweigungen aufzuzeigen. Sie haben eine Stablänge von 30 bis 47 Zentimetern und eine Haltelänge von etwa elf Zentimetern.

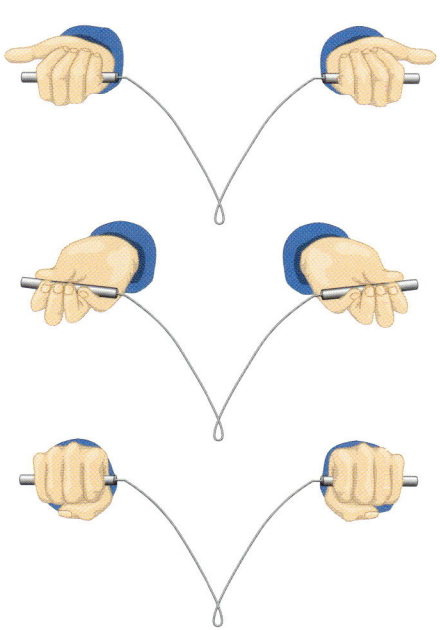

Biotensoren/Einhandrute

Diese Ruten sind verstärkt in den letzten Jahren auch unter Rutengehern in Gebrauch gekommen. Eigentlich haben Biotensoren oder Einhandruten ihren Ursprung in der Arbeit von Heilpraktikern, die damit die Verträglichkeit und Verordnung von Arzneien ausloten. Ihre Funktionsweise gleicht dem des siderischen Pendels, d. h. dass sich über den Ausschlag des Tensors (bzw. die Impulse des Nervensystems) ein intuitives, ein gefühltes Wissen ausdrückt. Tensoren eignen sich hervorragend, um Wasseradern in ihrer Tiefe und spezifischen Qualität genauer einschätzen zu können.

Der Umgang mit Tensoren/Einhandruten erfordert von der Person, die sie einsetzt, sehr viel Übung, damit nicht die eigenen Erwartungen, Ängste und Wünsche das Ergebnis verfälschen. Sie reagiert auf feinste Nervensignale. Selbst Profis unter den Rutengehern sind nicht davor gefeit, ihren unbewussten Erwartungen und vorprogrammierten Arbeitshypothesen unwillkürlich zu folgen. Rutengehen setzt immer auch eine innere Leere und ehrliche Auseinandersetzung mit den eigenen Absichten und Vorstellungen voraus.

Alle Ruten funktionieren in der Hand des Rutengehers zugleich wie eine Antenne, ein Sensor, ein Indikator oder schlicht wie eine Vergrößerung feinster Nervenimpulse. Letztlich ist ihr Material, ihre Länge und Form zweitrangig. Die Feinfühligkeit und innere Resonanzfähigkeit des Rutengehers ist entscheidender. Doch sollte man sich Zeit nehmen, verschiedene Ruten auszuprobieren, um dann diejenige zu finden, die am besten in der eigenen Hand liegt.

Warum schlägt die Rute aus?

Wenn man die Technik und Kunst des Rutengehens verstehen und anwenden will, muss man sich zunächst klarmachen, worauf die Rute reagiert oder vielmehr reagieren soll. Wer zum ersten Mal einen Rutengeher bei der Arbeit sieht, ist vielleicht völlig erstaunt, was sich da vor seinen Augen abspielt. Es gibt vier grundsätzlich verschiedene Ansätze, die man beim Rutengehen zunächst auseinander halten sollte, bevor man sie vielleicht selbst miteinander kombiniert.

Experimentieren Sie mit verschiedenen Ruten, um Ihre ganz persönliche Rute zu finden.

Korrekte Haltung einer Winkelrute.

1. Die Rute reagiert durch magnetische Polarität

Diese Anwendung ist die ursprüngliche und älteste Technik. Sie funktioniert aber nicht bei allen Menschen. Bei dieser Handhabung spürt der Rutengeher sehr deutlich, wie seine Rute plötzlich regelrecht in den Boden gezogen wird. Hier kommt es zu einer magnetischen Reaktion zwischen der Ladung der Wasserader und der Ladung des Körperwassers des Rutengehers.

Warum einige Menschen nicht die Gabe zu dieser Art des Rutengehens haben, mag verschiedene biochemische Ursachen haben. Möglicherweise hängt es auch mit dem Eisenanteil im Blut zusammen. Für diese Form des Rutengehens braucht man eine Rute aus Metall oder Holz, weil diese Materialien leitfähiger für magnetische Felder sind als beispielsweise Kunststoff. Rutengeher, die sich hauptsächlich auf diese Funktion beschränken, nutzen gerne auch größere und schwerere Ruten, weil die magnetische Reaktion dann deutlicher zu fühlen ist. Besonders bevorzugt werden Schleifenruten aus Kupferrohr.

2. Rutenreaktion durch feinste Infraschallwellen

Was ist damit gemeint? Zunächst ein simples Beispiel: In meinem Arbeitszimmer steht eine Gitarre. Klingelt nun das Telefon, gibt auch diese Gitarre einen Ton von sich. Das ist Resonanz. Meine Gitarre fängt aber auch an zu klingen, wenn ich ruckartig die Tür schließe und eine Druckschwingung erzeuge. Sie kennen sicherlich ähnliche Erfahrungen.

Die Resonanzreaktionen beim Rutengehen funktionieren prinzipiell nach dem gleichen Prinzip. Es gibt einen Schwingungssender (Wasserader) und einen Schwingungsempfänger (Rutengeher). Der Kontakt zwischen diesen beiden vollzieht sich beim Rutengehen gezielt und bewusst über die Rute. Diese Technik kann jeder lernen. Es gehört keine besondere Begabung dazu, sondern nur viel Übung. Der wissenschaftliche Hintergrund ist der, dass das Erdmagma genauso wie jeder andere Planet Schwingungen im Gigahertzbereich abstrahlt. Diese Schwingungen werden gebrochen, verzerrt oder

Hier sehen Sie die richtige Handhabung eines Biotensors.

Früher arbeiteten die meisten Rutengeher fast ausschließlich auf der Basis magnetischer Reaktionen der eigenen Person bzw. der Rute auf eine »geladene« Wasserader.

verstärkt, wenn sie auf Gesteinsschichten, Wasseradern oder Hohlräume treffen. Der »Erdsound« verändert sich also auf ganz spezifische Weise. Der Rutengeher funktioniert so wie ein Mikroseismograf, mit dem man heute bereits das Rauschen der Brandung in Helgoland selbst noch in Hamburg messen kann. Und der Mensch ist sogar noch feinfühliger. Vielleicht wissen Sie, dass chinesische und tibetische Ärzte in der Lage sind, allein anhand des unterschiedlichen Pulsschlages mehr als 100 (!) verschiedene Krankheiten sicher zu diagnostizieren. Ähnlich entwickeln auch Rutengeher mit der Zeit ein immer feineres Gespür für die unterschiedlichen Erdschwingungen und wissen dann sehr schnell, was unter der Erde zu finden ist – eine Wasserader, ein Gesteinsbruch, ein Erzlager oder, oder …

Wie auf Seite 34 bereits beschrieben, hat sich zum Muten dieser unterschiedlichen Schwingungswellen bei vielen professionellen Rutengängern auch die Grifflängentechnik durchgesetzt. Um diese Technik sicher beherrschen zu können, sollte man an entsprechenden Kursen teilnehmen und bereits über ausreichende Erfahrung mit einfachen Ruten verfügen. Allerdings gilt auch hier, dass das Training des eigenen Gespürs und Empfindens durch keine Technik zu ersetzen ist. Setzen Sie sich jedoch keinesfalls unter Druck. Übung braucht ihre Zeit.

3. Reaktion mit Hilfe mentaler Vorstellungen

Diese dritte Anwendungstechnik mag ohne eigene Erfahrung vielleicht etwas befremdlich erscheinen. Es geht bei dieser Technik um das Wünscheln im eigentlichen Sinn. Was ist damit gemeint? Das spezielle Wünschelrutengehen funktioniert über den bewussten mentalen Aufbau eines spezifischen Schwingungsmusters – eines Gedankens, eines Bildes oder einer Frage. Auch dazu ein Beispiel: Denken Sie jetzt für einen Moment daran, wie Sie kraftvoll in eine saure Zitrone beißen. Was ist jetzt gerade mit Ihnen passiert? Entschuldigung, aber so ist das mit den Wünschen und Vorstellungen: Allein der kurze Gedanke an saure Zitrone und Reinbeißen hat bei Ihnen vermutlich ein sehr präzises Schwingungsfeld aufgebaut, das seinerseits unmittelbar nervliche und biologische Reaktionen nach sich gezogen hat. Wahrscheinlich hat sich sofort

Gedanken haben nicht nur eine geistige Qualität, sie senden auch Schwingungswellen aus, die auf ein »Echo« treffen können und sich dann verstärken.

Gedanken und Wünsche senden spezifische Schwingungswellen aus. Wenn diese auf Widerhall treffen, reagiert die Rute, wenn man sensibel genug ist.

Ihre Haut mächtig verspannt. (Und jetzt hoffentlich wieder entspannt!) Nach diesem kleinen Experiment wissen Sie jetzt, wie allein geistige Bilder und Vorstellungen eine enorme Kraft entwickeln und sehr präzise Schwingungsmuster aussenden können. Dies ist auch der Fall, wenn Sie sich beim Rutengehen z. B. auf »goldenes Tafelgeschirr« konzentrieren. Das Schwingungsmuster »goldenes Tafelgeschirr« ist jetzt in Ihnen aktiv und sendet ganz spezifische Wellen aus. Befindet sich nun tatsächlich in Ihrem Garten vergrabenes goldenes Tafelgeschirr, kann es zu einer Resonanzreaktion mit dem Geschirr kommen, und die Rute reagiert – wie bei den Infraschallwellen, nur dass es jetzt umgekehrt funktioniert: Der Rutengeher ist jetzt der Sender und spürt über den Ausschlag seiner Rute, ob unterirdisch ein Empfänger in Resonanz gerät. Je stärker und klarer das innere Bild eines Rutengehers beim Wünscheln, umso stärker die

Gezielte und präzise Gedanken und Wünsche unterstützen erfolgreiches Rutengehen.

ausgesendeten Schwingungen und umso größer der Resonanzradius.

4. Die Rute reagiert aufgrund intuitiven Wissens

Diese Art des Rutengehens funktioniert ähnlich wie beim Pendeln. Sie hat etwas Geheimnisvolles, geradezu Magisches an sich. Das Prinzip ist im Grunde sehr einfach: Der Rutengeher formuliert eine klare Frage, die sich mit Ja oder Nein beantworten lässt, und richtet diese Frage an sein Unbewusstes. Je nachdem, wie die Antwort ausfällt, reagiert die Rute mit einem Ja- oder Nein-Zeichen. Dieses Zeichen kann man vorher willkürlich festlegen. Beispielsweise soll der Ausschlag nach oben »Ja« bedeuten und nach unten »Nein«. Wer noch nie gependelt oder in dieser Weise mit einer Rute gearbeitet hat, dem mag das sehr obskur erscheinen. Wie soll das funktionieren? Geht man da seinen eigenen Wunschantworten auf dem Leim? Dies ist sicherlich nicht auszuschließen. Man braucht für diese Technik so etwas wie einen »reinen Geist« – leer, empfänglich und still. Aber dann kann man durchaus richtige Antworten aus dem Unbewussten oder besser aus der Intelligenz der Natur enthalten. Man muss sich dabei klarmachen, dass nicht nur der Mensch oder ein Tier über Wissen und Intelligenz verfügen, sondern auch die Natur, die Erde und der Kosmos als Ganzes. Diese große Intelligenz ist anzapfbar wie ein Zentralcomputer, der alle Informationen gespeichert hat. Das klingt unglaublich, ist es aber nicht. Die Weisen des alten Indiens nannten das »große Wissen« die »Akashachronik«, in der Bibel ist die Rede vom »Buch des Lebens«, und in der Biophysik spricht man von dem »Gedächtnis der Natur« (Sheldrake). Immer schon gab es Traditionen, die davon ausgingen, dass die Natur, das Leben, der Kosmos »weiß« – genauso wie der Mensch über Wissen verfügt. Rutengeher betrachten die Erde als ein lebendiges bewusstes Wesen, wie es im Grunde alle Kulturen bis zur Neuzeit hin getan haben. Beim Pendeln bzw. Rutengehen kann man diese große Intelligenz um Antworten auf bestimmte Fragen bitten. Ein Beispiel: »Ist dieser Platz gefährlich für meine Gesundheit?« Die Antwort kommt aus Ihrer Intuition, die ihrerseits informiert wird vom so genannten großen Wissen. Aber letztlich hat es der Mensch nicht in der Hand, er ist darauf angewiesen, dass ihm ge-antwortet wird. Insofern ist es nicht verwunderlich, dass es unter Rutengehern auch zahlreiche tief religiöse Menschen gibt.

Rutenbegehung eines Grundstücks

Gehen Sie bei der Untersuchung eines Grundstücks systematisch vor: Definieren Sie vorab genau die Fläche, die Sie untersuchen wollen, und fertigen Sie eine Zeichnung an, in der Sie Gebäude, Bäume und Beete maßstabsgerecht einzeichnen. Vermerken Sie auch die Himmelsrichtungen. Neben der Rute benötigen Sie noch Markierungsmaterial für Ihre Untersuchungen. Gut geeignet dafür sind Bierdeckel oder kleine Fähnchen. Benutzen Sie aber keine Metallgegenstände zur Markierung.

Erste Begehung: Magnetische Rutenreaktion?

Die meisten Rutengeher beginnen damit, dass sie zunächst einmal um das ganze Grundstück herumgehen und nach allen eventuellen, von unten kommenden, krank machenden Störzonen suchen. Dazu gehören gegebenenfalls auch Wasseradern. Gehen Sie langsam und in entspannter

Die Intuition verbindet den Menschen mit einem größeren, höheren Wissen. Die Rute macht diese Intuition sichtbar.

aufrechter Körperhaltung. Halten Sie zu Anfang nach jedem Schritt ein wenig inne, und warten Sie, ob eine Reaktion kommt. Sollten Sie in Ihren Fingern den Anflug eines Ziehens der Rute nach unten spüren, geben Sie dem Ziehen nicht nach, denn sonst verhindern Sie möglicherweise eine magnetische Reaktion des Ausschlagens. Diese Reaktion stellt sich ein als Spannungsentladung zwischen Ihrem Schwingungsfeld und dem der Wasserader. Sollten Sie bei Ihrer ersten Begehung keine Rutenreaktion bemerkt haben, sollten Sie zur Sicherheit noch eine zweite Begehung machen. Kombinieren Sie jetzt die Techniken 2–4 wie folgt:

Mit der dritten Begehung bestimmen Sie den Verlauf der Wasserader, mit der vierten Begehung ihre Fließrichtung.

Zweite Begehung: Kontrollgang

Wenn Sie den Eindruck haben, die Rute hat auf eine Wasserader rea-

giert, dann überprüfen Sie Ihr Ergebnis wie folgt: Stimmen Sie sich gezielt darauf ein, eine mögliche Wasserader entdecken zu wollen. Visualisieren Sie die Farbe Blau, und bitten Sie Ihre Rute, mit einem »Ja« zu antworten, wenn Sie Ihren Fuß auf eine Wasserader gesetzt haben. Nähern Sie sich aus verschiedenen Richtungen der möglichen Wasserader.

Dritte Begehung: Den Verlauf bestimmen

Anhand Ihrer Markierungen haben Sie bereits sehr gute Anhaltspunkte. Bewegen Sie sich nun in Schlangenlinien über die markierte Wasserader, und bitten Sie Ihre Rute, sich jeweils zu senken, wenn Sie die Wasserader betreten, und sich zu heben, wenn Sie die Wasserader verlassen.

Vierte Begehung: Die Fließrichtung bestimmen

Am einfachsten geht dies mit zwei Winkelruten. Stellen Sie sich direkt an, aber nicht auf die Wasserader, und bitten Sie Ihre Winkelruten, sich entsprechend der Fließrichtung nach links oder nach rechts zu bewegen. Achtung: Wenn Sie mehrere Wasseradern auf Ihrem Grundstück entdeckt haben, müssen nicht alle in die gleiche Richtung fließen. Lassen Sie sich auch nicht irritieren, wenn eine Wasserader scheinbar bergauf fließt. Auch dies ist aufgrund unterirdischer Druck- und Höhenverhältnisse möglich (siehe Seite 13).

Fünfte Begehung: Die Tiefenbestimmung

Besonders dann, wenn man beabsichtigt, einen Brunnen anzulegen, ist es natürlich wichtig zu wissen, in welcher Tiefe sich die Wasserader befindet. Für das Rutengehen gilt dabei folgende Regel: Je näher man dem senkrechten Strahlungsfeld kommt, desto stärker ist die Ausschlagsreaktion der Rute. Und umgekehrt: Je mehr man sich von dem senkrechten Strahlungsfeld entfernt, desto schwächer werden die Ausschläge. Der Austrittswinkel der Strahlen ist abhängig von der Qualität der Erdschichten und beträgt meist das Siebenfache der Hauptzonenbreite. Sehr gut zur Tiefenbestimmung eignet sich intuitives Vorgehen mit der Einhandrute. Man könnte beispiels-

Die Tiefe von Wasseradern lässt sich sehr gut mit der Einhandrute ermitteln.

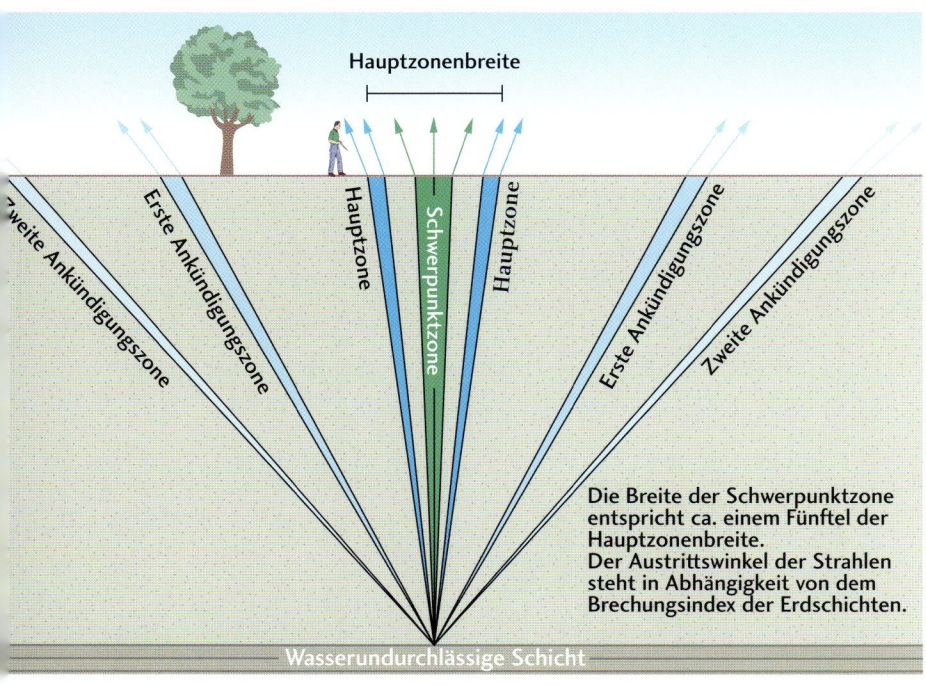

Hauptzonenbreite

Zweite Ankündigungszone

Erste Ankündigungszone

Hauptzone

Schwerpunktzone

Hauptzone

Erste Ankündigungszone

Zweite Ankündigungszone

Die Breite der Schwerpunktzone entspricht ca. einem Fünftel der Hauptzonenbreite.
Der Austrittswinkel der Strahlen steht in Abhängigkeit von dem Brechungsindex der Erdschichten.

Wasserundurchlässige Schicht

Eine Wasserader mit ihren verschiedenen Strahlungsfeldern. Darstellung in Anlehnung an Andrea Benschikowskis Buch »Radiaesthetische Erscheinungen in der Baubiologie und ihre messtechnische Erfassung«.

Sie fühlt sich auf einer Wasserader pudelwohl – die Katze.

weise folgendermaßen vorgehen: Frage 1: »Verläuft die Wasserader an der Stelle, an der ich jetzt stehe, in einer Tiefe bis zu zehn Metern unter der Erdoberfläche?« Wenn die Rute mit »Ja« antwortet, können Sie weitere Eingrenzungen vornehmen.

Frage 2: »Verläuft die Wasserader an der Stelle, an der ich jetzt stehe, in einer Tiefe zwischen fünf und zehn Metern unter der Erdoberfläche?« Auf diese Weise finden Sie relativ leicht den besten Punkt für eine Bohrung. Aber Achtung: Für dieses Pendelrutengehen brauchen Sie einen leeren Kopf, und Sie sollten gut ausgeruht und entspannt sein.

Vorsicht beim Rutengehen

Je länger man mit der Rute arbeitet und seine Feinfühligkeit weiter entwickelt, umso sensibler reagiert man auf die Ausstrahlungen von Wasseradern. Und dies ist nicht unproblematisch, besonders dann, wenn man die Fähigkeit zur »magnetischen Reaktion« hat. Meistens geht dann der Puls hoch, man errötet, oder es bildet sich gar Schweiß auf der Stirn. In diesem Fall ist dringend davon abzuraten, pro Woche mehr als eine Wasserader mit der Rute intensiv zu untersuchen. Man sollte dem Körper ausreichend Zeit geben, sich von diesen Stresssituationen zu erholen und sein normales energetisches Gleichgewicht wieder zu finden. Wichtig ist auch, sich nach jeder Untersuchung wieder von dem Platz innerlich zu verabschieden und alle Schwingungen dort zu lassen und nicht mit nach Hause zu nehmen. Herr Frese, der Rutengeher, den ich Ihnen bereits am Anfang des Buches vorgestellt habe, berichtet: »Als ich das erste Mal eine Wasserader suchte – und fand –, war ich danach noch lange sehr aufgeregt. Auch heute noch werde ich leicht rot im Gesicht und fange schnell an zu schwitzen, sobald ich auf einer Wasserader stehe. Wenn ich von der Wasserader wegtrete, hört das auf. Ich bin jemand, der nicht eine einzige Minute auf einer Wasserader schlafen könnte. Besonders Anfänger neigen nach ihren ersten Erfolgserlebnissen dazu, des Guten zu viel tun zu wollen. Es ist ja auch wirklich faszinierend. Trotzdem: Maß halten ist hier im Sinne des eigenen Wohlbefindens sehr wichtig.

Nachteilig für erfolgreiches Rutengehen

- Belastungen des nervlichen Reizleitungssystems durch Alkohol, Nikotin, Kaffee, Antidepressiva, Stress, Ärger, Ehrgeiz oder Erwartungsdruck

- Reduzierung der Wahrnehmungsfähigkeit durch Lärm und Ablenkung

- Verminderung der Konzentration durch Sorgen, Zweifel, Zwischenrufer

- Metallteile am Körper

Förderlich für erfolgreiches Rutengehen

- Leises Summen

- Stärkung durch Fenchel, Anis oder Ginseng

- Einübung gedanklicher Leere und Offenheit (Meditation)

Sammeln Sie Ihre eigenen Erfahrungen: Beobachten Sie sorgfältig eventuelle Wechselwirkungen zwischen bestimmten Lebensgewohnheiten und sensorischen Empfindlichkeiten.

Schutz vor negativen Nachwirkungen

- Inneres Loslassen und Dortlassen der Erlebnisse, evtl. verbunden mit einem kleinen Ritual, einer Zeremonie oder einem Gebet

- Reinigung der Hände mit Salzwasser

- Viel Wasser trinken

- Duschen, Sauna oder Whirlpool

- Körperliche Aktivität (z. B. Joggen)

Heute gilt ein Schlafplatz über einer

Wasserader als Hauptursache vieler chroni-

scher Krankheiten – bis hin zu Krebs.

Krank *durch* Wasseradern?

Gesundheit ist ein kostbares Gut. Wer darauf achtet, auf einer strahlungsfreien Zone zu schlafen, tut bereits sehr viel für seine Gesundheit.

Krankheit als Standortproblem

Der berühmte Professor Sauerbruch soll vielen seiner Patienten einen ganz einfachen Rat mit auf den Weg gegeben haben, wenn er sie aus dem Hospital entließ: »Stellen Sie Ihr Bett woanders hin!« Zu seiner Zeit wussten die meisten Ärzte sehr viel über einen Zusammenhang von Krankheiten und Wasseradern bzw. Erdstrahlenbelastungen. Wie bereits erwähnt, durfte im alten China erst dann ein Gebäude errichtet werden, wenn zuvor der »Erdwahrsager« grünes Licht gegeben hatte. Dazu bewegte er einen Kompass über einer Metallschiene entlang und konnte am Grad der Abweichung der Kompassnadel von der Nord-Süd-Richtung erkennen, ob und in welchem Grad erdmagnetische Anomalien den Platz bestimmten. War die Abweichung zu groß, durfte das Gebäude nicht errichtet werden. Wenn man heute so bei uns verfahren würde oder alle

Schlafplätze entsprechend überprüft würden, könnte auch das Gesundheitswesen gesunden, denn die Zusammenhänge zwischen Erdstrahlenbelastung und vielen chronischen Krankheiten sind mehr als offensichtlich.

Medizinische Forschung seit vielen Jahrzehnten

In Deutschland begann die medizinische Beschäftigung mit den durch Erdstrahlen und Wasseradern bedingten Erkrankungen in den zwanziger Jahren des letzten Jahrhunderts und ist eng verknüpft mit dem Freiherrn von Pohl. Seit 1904 forschte er vor allem nach einem möglichen Zusammenhang zwischen Krebserkrankungen und Erdstrahlung, denn er hatte die Beobachtung gemacht, dass die Betten von an Krebs Verstorbenen ausnahmslos auf unterirdischen Wasseradern standen. Ihm gelang zur Verblüffung der Medizinwelt dieser Nachweis in vielen wissenschaftlich exakt durchgeführten Feldstudien (siehe Literaturverzeichnis Seite 94). In den folgenden Jahren bis zum 2. Weltkrieg blühte die Erdstrahlenforschung in ganz Europa. Immer neue Untersuchungen wurden angestellt. So schrieb beispielsweise

Die Zusammenhänge zwischen Wasseradern und chronischen Erkrankungen sind schon lange bekannt, sie werden aber immer noch viel zu wenig beachtet, wenn nicht sogar belächelt.

der Stettiner Medizinalrat Dr. Hager folgende Zeilen an den Freiherrn von Pohl: »...Das Krebsproblem ist gelöst. ...Wer dafür Sorge trägt, dass sein Bett zum mindesten nicht in schweren Erdstrahlen steht, und wer dafür sorgt, dass er auch tagsüber bei der Arbeit nicht in schweren Erdstrahlen sitzt, kann niemals Krebs bekommen ...« Vielleicht war man in der damaligen Begeisterung ein wenig über das Ziel hinausgeschossen, aber die Zusammenhänge zwischen Wasseradern, Erdstrahlen und vor allem Krebserkrankungen gelten seitdem als empirisch nachgewiesen. Allerdings wusste man damals noch nicht, wie dieser Zusammenhang zu verstehen ist. An diese Aufgabe machte sich nach dem Krieg vor allem ein deutscher Arzt.

Der Einfluss von Wasseradern verlangsamt beim Menschen die Blutsenkungsgeschwindigkeit – ein sicheres Zeichen für eine erhöhte Krankheitsanfälligkeit.

Dr. Ernst Hartmann

Er gilt bis heute als einer der bedeutendsten Forscher im Bereich der Belastung durch Erdstrahlen und Wasseradern. In den fünfziger Jahren begann er, vor allem labortechnisch den Einfluss von Erdstrahlung auf den Menschen zu untersuchen. Er machte dabei u. a. die interessante Beobachtung, dass die Blutsenkungsgeschwindigkeit von Blut, das auf einer erdstrahlenbelasteten Zone entnommen wurde, wesentlich langsamer ist als von Blut, das zur gleichen Zeit auf einer unbelasteten Zone entnommen wurde. Damit war klar, dass die Krankheitsanfälligkeit über Wasseradern deutlich erhöht ist, denn die Blutsenkungsgeschwindigkeit gilt in der Medizin als äußerst verlässliches Indiz für die Gesamtverfassung eines Menschen, insbesondere seines Immunsystems.

Universität Wien

1989 wurde an der Universität Wien der Faden von Dr. Hartmann wieder aufgenommen, und man fand bei einer Untersuchung von insgesamt etwa 1000 Personen heraus, dass bei über 90 Prozent der Probanden Veränderungen der Körperreaktionen festzustellen waren, wenn sie sich auf einer erdstrahlenbelasteten Zone aufhielten. Untersucht wurden beispielsweise bioelektrische Reaktionen der Haut, Herzfrequenz oder Muskelspannung. Diese Körperfunktionen regulierten sich wieder, wenn die Probanden die erdstrahlenbelastete Zone verließen. Bleibende Schäden waren nicht zu erkennen. Exakte wissenschaftliche Untersuchungen über die Auswirkungen bei einer

Krankheiten

In dieser Übersicht finden Sie Krankheiten, die nachgewiesenerweise in Zusammenhang mit Erdstrahlen- und Wasseraderbelastung stehen können:

- Allergien
- Arthrose
- Asthma
- Basedowsche Krankheit
- Blasenschwäche
- Diabetes
- Epilepsie
- Fehlgeburt
- Frühgeburt
- Gallenleiden
- Gehirnhautentzündungen
- Geisteskrankheiten

- Gicht
- Herzbeschwerden
- Hypertonie
- Hysterie
- Ischias
- Infektanfälligkeit
- Kindstod, plötzlicher
- Krebs
- Kropf
- Menstruationsbeschwerden
- Multiple Sklerose
- Nachtschweiß

- Neurasthenie
- Neuralgien
- Nervosität
- Nierenleiden
- Rückenverspannungen
- Schlaganfall
- Schlaflosigkeit
- Traumunruhe
- Thrombosen
- Unfruchtbarkeit
- Vegetative Dystonie
- Wasserbeine

Bei der Entstehung von Krankheiten spielen viele Faktoren eine Rolle. Eine starke Erdstrahlenbelastung gehört dazu. Insbesondere chronische Krankheiten, bei denen kein Arzt richtig zu helfen vermag, sind in der Regel erdstrahlenbedingt.

langfristigen(!) Belastung sind bis heute noch nicht angestellt worden. Ein seltsames Phänomen, wo doch so viele Doktoranden Mühe haben, noch ein passables Thema für Ihre Dissertationen zu finden.
In jüngster Zeit sorgte allerdings das Buch der Ärztin Dr. Ulrike Banis (siehe Literaturhinweise Seite 94) für großes Aufsehen. Darin dokumentiert sie 40 Fälle von erdstrahlenbedingten Krankheiten aus ihrer Praxis und wie es gelang, eine dauerhafte Genesung einzuleiten. Ein Buch, das jedem Mediziner und Heiltätigen dringend zu empfehlen ist.

Wasseradern können die Frequenz von Schadstoffen oder technischen Elektrofeldern transportieren und diese auf das Wasser von Menschen, Tieren und Pflanzen abstrahlen.

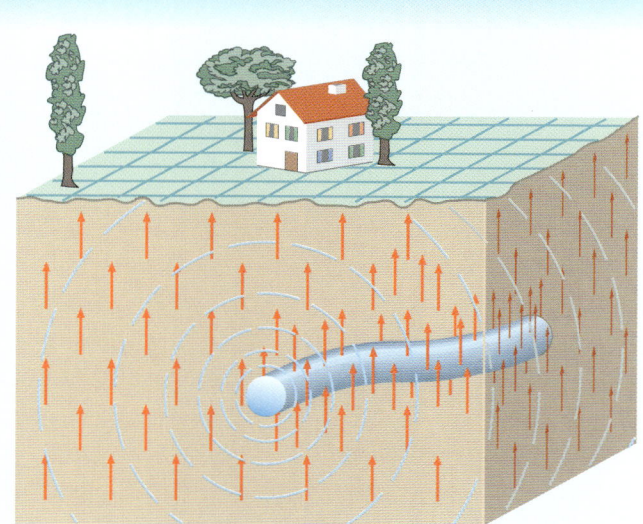

Auch der Patient ist gefordert

Wir wissen heute, dass Krankheit und Heilung sehr komplexe Vorgänge sind, bei denen immer auch die Psyche und die Gedankenwelt der jeweiligen Person eine nicht unerhebliche Rolle spielen. Selten gibt es nur eine Ursache. Ganz sicherlich spielt aber auch der Ort, an dem wir schlafen, arbeiten und ruhen, eine große und heute in der Wissenschaft viel zu wenig beachtete Rolle. In den meisten Krankenhäusern und Arztpraxen ist leider das einstige Wissen über den Zusammenhang von Standort, Krankheit und Heilung fast vollständig wieder vergessen. Die geopathische Wissenschaft, die sich mit diesen Zusammenhängen befasst, fristet an den Universitäten ein eher kümmerliches Schattendasein, was beinahe schon an Fahrlässigkeit grenzt. Bedauerlicherweise achten aber auch viele Patienten viel zu wenig auf ihr Gefühl und Gespür für die Qualität eines Platzes. Wenn man ein wenig innehält, sich entspannt und die Sinne öffnet, dann weiß man eigentlich sehr schnell, ob der Platz, an dem man sich gerade befindet, eine wohltuende oder eher eine anstrengende Qualität hat. Fühlt man sich geborgen, genährt und getragen oder eher gereizt, angespannt und nervös? Unterirdische Wasseradern könnten dafür der Grund sein.

Wie Wasseradern wirken

Bevor wir uns näher damit befassen, was genau im Körper vorgeht, wenn er einer übermäßigen Belastung durch Wasseradern und/oder Erdstrahlen ausgesetzt ist, wollen wir uns verdeutlichen, was – physikalisch betrachtet – bei einer Wasserader geschieht. So viel wissen Sie bereits: Wasserader ist nicht gleich Wasserader. Sie sind in ihrer Tiefe, Ausdehnung, Drehrichtung und Fließgeschwindigkeit je ganz eigen. Deshalb sind auch das Maß und die Intensität ihrer Auswirkungen sehr unterschiedlich. Trotzdem lassen sich bestimmte grundsätzliche Wirkzusammenhänge erkennen.

Elektrisch geladene Erdstrahlen

Die Erde ist ein Kind der Sonne und strahlt aus ihrem Inneren gleich wie die Sonne, wenn auch viel, viel schwächer. Von der Sonne wissen wir, dass ihre Partikelstrahlung noch über eine Entfernung von 150 Millionen Kilometern das Zellwachstum unserer Biosphäre beeinflusst. Dies ist u. a. deutlich daran zu erkennen, dass bei jedem Baumdurchschnitt der 11,6te Ring erkennbar größer ist – und alle 11,6 Jahre geschieht auf der Sonne eine größere Explosion. Konzentrierte Sonnen- und Erdstrahlung schaffen quasi ein Reiz- und Wachstumsklima für biologische Prozesse. Erdstrahlen entstehen aus dem Inneren der Erde, der glühenden Magmamasse. Physikalisch betrachtet handelt es sich hauptsächlich um Elektronenstrahlung. Bei Metallatomen – wie im Nickel-Eisen-Kern der Erde – kann es geschehen, dass die auf der äußeren Bahn um den positiven Atomkern kreisenden negativen Elektronen heraus geschleudert werden. Erdstrahlen an sich sind nicht gesundheitsgefährdend, auf ihrem Weg nach außen können sie jedoch abgebremst, gebündelt und vor allem zusätzlich elektrisch aufgeladen werden. Letzteres geschieht an Gesteinsbrüchen, Hohlräumen und Wasseradern. Denn an diesen Stellen kommt es durch Reibung von Wasser und Gestein oder durch die Unterschiede zwischen den elektrischen Eigenpotenzialen der Gesteinsmassen zur elektrischen Spannung und Aufladung. Vielleicht kennen Sie das

Erdstrahlen an sich sind ungefährlich; sie regen das Wachstum an. Ihre Konzentration und Bündelung sind die Gefahr für die Gesundheit.

Phänomen aus der Zahnheilkunde, wenn unterschiedliche Füllungen elektrische Spannungen im Mund erzeugen und sich insbesondere bei der Berührung mit Metall in kleinen Blitzen entladen. Solche elektrischen Spannungen sind auch vorhanden, wenn verschiedene metallhaltige Erdmassen aufeinander treffen oder gar aneinander reiben. Deshalb können Bettstellen oder Büros über Gesteinsverwerfungen oder -rissen ähnlich gesundheitsgefährdend

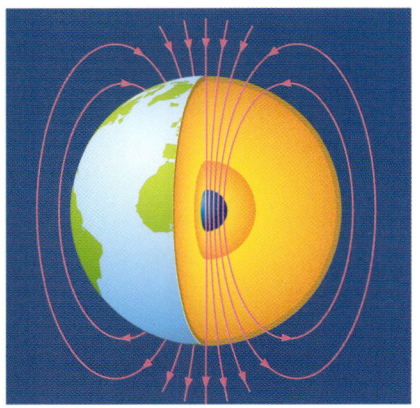

Das Magnetfeld der Erde wird durch Feldlinien aufgebaut, die am Südpol aus- und am Nordpol wieder in den Globus eintreten.

sein wie Wasseradern. Bei beiden Erscheinungen durchschießen die Erdstrahlen ein elektrisches Feld. Dadurch wird die Ladung der Gesteinsverwerfungen oder Wasserader erhöht oder verändert.

Minuspolung

Jede elektrische Ladung setzt immer eine Polarität voraus. Wir bezeichnen sie als Plus- und Minuspol. Wenn Erdstrahlen aus dem Erdinneren nun mit einer Wasserader zusammentreffen, kommt es zu einer Konzentration der negativen Ladung. Es handelt sich dabei quasi um eine Übersättigung, die ihrerseits nach Ausgleich und Entladung sucht. Dieses negative Ladungsverhältnis mag für manche Pflanzen, Tiere und vielleicht auch Menschen positiv und förderlich sein, weil es deren überschüssige Positivladung wieder ausgleicht, es kann aber auch deren Energiehaushalt völlig aus dem Gleichgewicht bringen und zu einer Art Depolarisation führen – und zudem das erdmagnetische Feld an der Erdoberfläche in seiner Ladung völlig durcheinander bringen.

Veränderung des Erdmagnetfeldes

Wir registrieren bewusst gar nicht, wie ungemein lebenswichtig dieses Erdmagnetfeld ist. Manche erinnern sich vielleicht noch an Bilder, als die ersten Raumfahrer wie »Halbtote« aus ihren Kapseln geborgen wurden, nachdem sie nur zwei oder drei Tage das Erdmagnetfeld der Erde verlassen hatten. Damals erst entdeckte man die ungeheure Bedeutung dieses Feldes für menschliches Leben und Leben überhaupt. Denn jeder Lebensprozess – bis in die kleinste

Zelle hinein – bedeutet, dass sich etwas von A nach B bewegt. Abstoßung und Anziehung sind Grundpfeiler des Lebens. Alle biologischen Prozesse sind an elektrische Ladung und Ströme gebunden. Noch in jeder einzelnen Zelle ist eine Plus- und eine Minusspannung festzustellen. Zwar verfügt der menschliche Körper über eigene Elektrizität in Höhe von 0,1 bis 80 Millionstel Volt, aber er braucht zusätzlich die Spannung des Erdmagnetfeldes, das sich in Europa in einer Stärke zwischen 0,55 bis 0,75 Gauß bewegt. Ohne diese natürliche Umgebungsspannung wäre kein Leben möglich, es würde in sich zusammensacken. Gleichzeitig schützt es unseren Planeten vor kosmischen Einflüssen, insbesondere vor den Sonnenwinden. Bei Tag drückt das Magnetfeld gegen die Erde, nachts dehnt es sich aus. Deshalb sind auch die Messwerte über Wasseradern nicht konstant, und nachts ist das erdmagnetische Feld kräftiger, was wiederum bedeutet, dass die negativen Auswirkungen erdmagnetisch gestörter Zonen nachts wesentlich höher sind. Auch beeinflusst die Stellung des Mondes erheblich das Erdmagnetfeld. Bei Vollmond ist es am stärksten.

Strukturen des erdmagnetischen Feldes

Man kann das an der Erdoberfläche gemessene Magnetfeld in einen aus dem Erdinneren stammenden und einen von der Oberfläche stammenden Teil zerlegen. Das Magnetfeld der Erde besteht aus unzähligen so genannten Feldlinien. Diese Linien entspringen aus dem Erdinneren, treten auf der Südhalbkugel aus der Erde heraus und schwingen nach Norden, wo sie wieder in die Erde eindringen und an ihren Anfangspunkt zurückkehren. Direkt am Nordpol und am Südpol schneiden diese Feldlinien die Erdoberfläche in einem rechten Winkel. Je weiter die Linien aber in Richtung Äquator rücken, desto flacher werden die Winkel an den Ein- und Austrittspunkten aus der Erdoberfläche (Inklinationswinkel).

Eine zweite Struktur von erdmagnetischen Feldlinien, die sich mit den Linien der ersten Struktur treffen

Bei Vollmond ist das erdmagnetische Feld besonders kräftig und bringt die Zellen zum »Tanzen«. Manche Menschen schlafen dann schlecht und sind sehr gereizt.

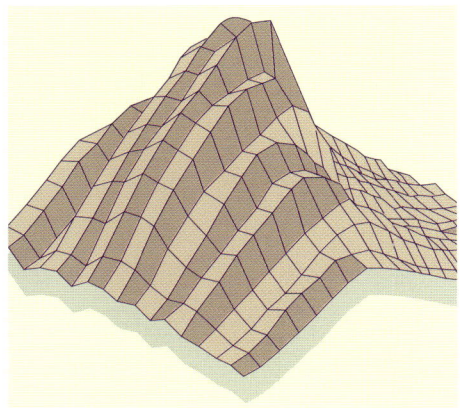

Die Struktur des erdmagnetischen Feldes passt sich der Erdoberfläche an.

können, kommt nicht aus dem Erdinneren, sondern aus der Ionosphäre und Magnetosphäre der Erde.

Erdmagnetische Gitter

Erst vor wenigen Jahrzehnten hat man entdeckt, dass sich der Erdmagnetismus an der Erdoberfläche wie ein Meer in bestimmten Gitterstrukturen in Wellen kräuselt oder konzentriert. Diese Gitternetze haben eine relativ stabile Struktur. Sie können sich aber auch je nach Oberflächenstruktur der Erde anpassen.

Das Gitternetz, das sich vor allem aus dem Erdinneren speist, hat eine dreidimensionale Feldstruktur von 10 x 10 x 10 Meter in unseren Breitengraden. Dieses Muster wird nach seinem Erforscher das Benker'sche Kubensystem genannt. Der Anteil des erdmagnetischen Feldes, der von der äußeren Ionosphäre und Magnetosphäre her rührt, hat eine flächige Struktur von 2 x 2,50 Meter und wird nach seinem Entdecker als Hartmann-Gitter oder auch als Globalgitter, bezeichnet. Vielfach wird auch noch eine dritte, vermeintlich diagonale Struktur, das so genannte Currygitter, postuliert. Hiervon hat man aber in den letzten Jahren Abstand genommen, weil es sich großer Wahrscheinlichkeit nach nur um Reflexionen oder Oberwellen der ersten beiden Gitter handelt. Diese treten dann auf, wenn sich zwei gleich gepolte Linien treffen. Gleich und Gleich stößt sich ab und würde dann eine diagonale Ausweichlinie ausbilden.

Besonders an den Kreuzungspunkten der erdmagnetischen Gitter können sich unheilvolle Konzentrationen und Interferenzen bilden.

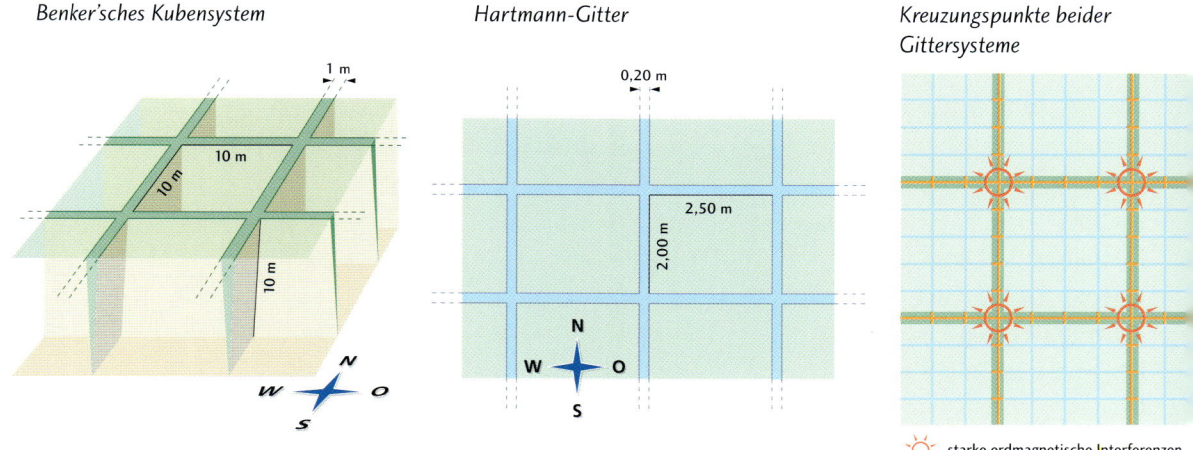

Benker'sches Kubensystem

Hartmann-Gitter

Kreuzungspunkte beider Gittersysteme

☼ starke erdmagnetische Interferenzen

Übung: Gitterlinien muten

Nehmen Sie Ihre Rute zur Hand, und stimmen Sie sich innerlich darauf ein, erdmagnetische Feldlinien zu entdecken. Untersuchen Sie zunächst die senkrechten Linien (Nord-Süd). Geben Sie Ihrer Rute die Anweisung, nach oben auszuschlagen, wenn Sie auf eine solche Linie treffen. Wenn Sie mit einer Winkelrute arbeiten, können Sie die Vorgabe machen: Überkreuzen = Ja. Setzen Sie Ihre Begehung in Ost-West-Richtung fort, und markieren Sie die Anschlagpunkte. In einem zweiten Durchgang versuchen Sie, die horizontalen Linien zu muten.

Ein kleiner Exkurs

Tiere orientieren sich an erdmagnetischen Linien. Schon immer hat es die Menschen fasziniert, woran sich Zugvögel, Wale oder auch Landtiere auf ihren oft Tausende Kilometer langen Wanderungen orientieren. Heute ist man der Antwort ein Stückchen näher gekommen. Erst im Jahre 2000 ist es der Universität Göttingen gelungen nachzuweisen, dass sich im Gehirn von Zugvögeln winzigste Kristalle befinden, mit denen offensichtlich die erdmagnetischen Feldlinien geortet werden und diese dann quasi als Leitsystem funktionieren.

Der Universität Bloomington in den USA ist 2001 ebenfalls der Nachweis gelungen, dass die Tiere gewissermaßen einen Orientierungskompass besitzen. Erforscht hatte man speziell das Verhalten von Molchen. Den Forschern gelang es, auch bei den Molchen einen extrem feinen Magnetsinn festzustellen. Demnach können Molche nicht nur Nord und Süd unterscheiden, sondern sie besitzen offensichtlich auch so etwas wie eine innere Magnetkarte, mit deren Hilfe sie feststellen, wie weit sie sich von ihrem angestammten Teich – wenn sie diesen einmal verlassen haben – befinden. Nach zahlreichen Versuchen ist man zu der Feststellung gekommen, dass Molche anhand ihrer Orientierung an den erdmagnetischen Feldlinien stets wissen, in welcher Richtung und Entfernung sich ihr Zuhause befindet. Ausschlaggebend dafür ist wahrscheinlich der spezifische Inklinationswinkel der Magnetlinien.

Zugvögel, Wale und auch Landtiere orientieren sich auf ihren Reisen an erdmagnetischen Feldlinien. Auf diese Weise kommen sie nie von ihrer Route ab.

Der Energiekörper des Menschen – auch Aura genannt – verändert sich, wenn er der Belastung durch Erdstrahlen dauerhaft ausgesetzt ist.

Oft ist es das Zusammentreffen von Wasseradern und Gitterkreuzungen, das so gefährlich ist.

netfeld schießen. In der Regel verliert das erdmagnetische Feld seine klare Ausrichtung und sein Ladungsgleichgewicht. Ein äußerst intensives und zugleich energetisch chaotisches Kraftfeld bildet sich. Dies ist wahrscheinlich der Grund, warum man im alten China das Bauen über erdmagnetischen Anomalien verbot, denn diese Anomalien übertragen sich auf das Energiefeld des Menschen und bringen es ebenso durcheinander. Was bedeutet dies genau?

Depolarisation der Körperenergie

Allein schon die Kreuzungen der Gitter können für die Gesundheit des Menschen problematisch sein, weil es hier zu Konzentrationen und Interferenzen der erdmagnetischen Kräfte kommt. Viele Rutengeher und Geopathologen raten dringend davon ab, über diesen Punkten zu schlafen oder zu arbeiten. Sie können ähnlich gesundheitsschädigend wirken wie Wasseradern.

Doch kehren wir noch einmal zu unserer Grafik auf Seite 54 zurück, damit wir besser verstehen, was sich ereignet, wenn über Wasseradern in konzentrierter Form negativ geladene Erdstrahlenionen durch das Erdmag-

Der Leib des Menschen besteht aus zwei Qualitäten, dem sichtbaren physischen Körper und einem unsichtbaren Körper, den man auch bioplasmatischen Körper nennt. Hellsichtige nehmen ihn als Aura oder Astralkörper wahr. Wir kennen Materie hauptsächlich im festen, flüssigen oder gasförmigen Zustand. Plasma ist der vierte Zustand und wird definiert als ionisiertes Gas oder einfach als Gas mit positiv und negativ geladenen Teilchen. Der bioplasmatische Körper durchdringt den physischen und hat die Form eines sich nach unten verengenden Eies. Er dehnt sich etwa

70 Zentimeter über den physischen Körper aus. Auf sehr vielen Heiligengemälden – gleich welcher Religion – ist er in goldenen oder lichtweißen Farben dargestellt.

Wie der Energiekörper des Menschen funktioniert

Wie das Blutsystem, so hat auch das Energiesystem des bioplasmatischen Körpers Tausende von »Adern«. Dies sind die so genannten Meridiane oder Nadis, die beispielsweise in der chinesischen Akupunktur mit Nadeln gezielt behandelt werden, um einen gestauten Energiefluss aufzulösen oder Energiebahnen zu reinigen. In Gang gehalten wird der Energiekörper durch so genannte Chakren, eine Art Kraftwerke oder Transformatoren. Sie kontrollieren den physischen Körper und versorgen ihn mit Lebensenergie (Prana, Chi), die sie aus dem Lebensumfeld aufnehmen.

Veränderungen im Energiekörper

Der Energiekörper eines Menschen, der sich über einer starken Wasserader aufhält, ist einer erhöhten Bestrahlung negativ geladener Ionen ausgesetzt. Die Folge ist nicht nur eine energetische Reizung, sondern bei längerem Aufenthalt auch eine negative Aufladung des bioplasmatischen Ionenfeldes und damit eine Depolarisation des Energiekörpers, die sich zunächst als Energieabfall und dann als vegetative Dystonie im physischen Körper manifestiert. Allgemeines Unwohlsein, Gereiztheit, Schlafstörungen, Kopfschmerzen, Schweißausbrüche, Depressionen und unerklärliche Unruhezustände sind oft die ersten Symptome. Betroffene fühlen sich hin- und hergerissen zwischen großer Erregung und totaler Erschöpfung. Dieses Gefühl trifft den Sachverhalt. Denn der Energiekörper kann bei länger andauernder Belastung über dem Störfeld keine stabile Spannung halten, und das Immunsystem gerät an den Rand des Zusammenbruchs.

Vegetative Dystonie ist oft die Vorstufe vieler ernster Erkrankungen – Wasseradern können die Ursache sein. Sie bringen das Nervensystem aus seinem Rhythmus (Tonus).

Geschwächtes Immunsystem

So überrascht es dann auch nicht, dass sich im Blut schwer geopathisch belasteter Menschen allmählich die Einlagerung von Fremdpartikeln und Toxinen beobachten lässt. Sie bilden Bläschen, Kügelchen, Fäden oder sonstige Gruppierungen und lassen sich über den so genannten Schellertest in den roten Blutkörperchen

nachweisen. Ist diese Immunschwä-
che erdstrahlenbedingt, sammelt sich
in den Toxinen auch eine negative
Ladung.

Verlust des Zellgleich-
gewichts

Bei einem erwachsenen Menschen
teilen sich durchschnittlich pro
Sekunde zirka vier Millionen Zellen.
Das Gleichgewicht zwischen Zellabbau und Zellaufbau ist das A und O
einer stabilen physischen Gesundheit. Dieses Zellgleichgewicht wird
von den so genannten Killerzellen
des Immunsystems überwacht, in
dem sie kranke, alte und entartete
Zellen sofort aufspüren und
unschädlich machen. Versagen sie in
ihrer Arbeit, bilden sich Gewebege-
schwulste (Tumore). Die Zellsteuerung ist aus den Fugen geraten.

Linksdreh in den Zellen

Negative Erdstrahlungen zersetzen
nun nicht nur den Energiekörper und
damit das Immunsystem, sie wirken
auch mit einem gegenläufigen
Schwingungsmuster auf die Zellen
ein. Bei geopathisch belasteten Menschen sind alle Entzündungen
bezeichnenderweise negativ ionisiert,
und das Blut dreht linksherum. Das

Blut gesunder Menschen dreht
rechtsherum. Das elektrische Feld im
Menschen, das letztlich alle Zellakti-
vitäten erst möglich macht, ist grund-
legend gestört. All die beschriebenen
Vorgänge sind natürlich abhängig
von der Dauer der Belastung, der
jeweiligen Konstitution eines Menschen und natürlich auch vom unterschiedlichen Charakter der einzelnen
Wasseradern.

Gibt es Heilung? –
Sofortmaßnahmen

Ob eine Krankheit mit einer Erdstrahlenbelastung in Verbindung steht,
lässt sich heute relativ sicher über
eine Haaranalyse, Irisdiagnose oder
über Biofunktionsdiagnostik feststellen. Auch Blutuntersuchungen ergeben wertvolle Hinweise. Gesundes
Blut hat immer eine Rechtsdrehung.
Das Blut krebskranker oder durch
Erdstrahlen belasteter Menschen
dreht links. Konsultieren Sie auf
jeden Fall einen erfahrenen Heilpraktiker oder naturkundlich versierten
Arzt, wenn Sie die Vermutung haben,
dass Ihre Erkrankung erdstrahlenbedingt sein könnte. Als Sofortmaßnahmen sollten Sie natürlich Ihren
Schlafplatz verändern und auf eine

erdstrahlenungefährliche Stelle platzieren. Als Sofortmedikation haben
sich Geovitatropfen bewährt. Sie sind
als homöopathische Substanz in der
Apotheke erhältlich. Wenn Ihre
Beschwerden geopathisch bedingt
sind, müssten Sie nach diesen
Sofortmaßnahmen spätestens nach
21 Tagen eine deutliche Veränderung
in Ihrem Wohlbefinden spüren.

Bettstelle mit der Rute untersuchen

Entfernen Sie auch alle elektrischen
Geräte aus dem Schlafzimmer, weil
diese elektromagnetische Felder
erzeugen. Die Erdstrahlen können
daran ankoppeln und sich dann als
Strahlengewirr im Raum ausbreiten.
Neben Radio, Fernseher, Hi-Fi-Anlage
sind insbesondere Funkwecker und
Handys aus dem Schlafzimmer zu
verbannen. Nehmen Sie dann die
Rute zur Hand, und messen Sie den
Raum mit der Frage aus: »Wo befinden sich für den Bettnutzer gesundheitsbelastende Reizzonen?«
Markieren Sie genau die Stellen, an
denen die Rute ausgeschlagen hat.
Stellen Sie dann das Bett auf eine
markierungsfreie Zone, am besten
mit dem Kopfende nach Norden.
Dann überprüfen Sie Ihr Ergebnis mit

einer zweiten Rutenmessung über
dem Bett. Formulieren Sie die Frage:
»Befinden sich hier für den Bettnutzer gesundheitsbelastende Reizzonen?« Ist das Ergebnis negativ, hat
die Sofortmaßnahme der Bettumstel-
lung eine gute Prognose. Zu einem
späteren Zeitpunkt können Sie sich
um differenziertere Ergebnisse bemü-
hen (Wasserader, Gitternetz, Elektrosmog). Der Heilungsprozess einer
geopathischen Erkrankung kann aber
länger dauern, weil auch die Toxine
aus dem Körper ausgeschwemmt
werden müssen und der bioplasmatische Körper eine gewisse Zeit
braucht, um sich zu regenerieren und
sein energetisches Gleichgewicht
wieder zu finden. Gute Unterstützung zur Genesung sind Magnetfeld-
therapie, Akupunktur, Thermalbäder,
chinesische Auramassagen und Heil-
pilze. Insbesondere der Reiki- und
der Shiitakepilz zeigen gute Wirkung.
Interessanterweise wachsen Pilze
bevorzugt auf Wasseradern. Gleiches
heilt Gleiches, heißt es in der Homöopathie.

*Eine Sofortmaß-
nahme ist natürlich,
das Bett umzustel-
len. Suchen Sie mit
der Rute einen
strahlungsfreien
Platz!*

*Shiitakepilze unterstüt-
zen die Heilung von erd-
strahlenbedingten
Krankheiten.*

Im Folgenden werden zahlreiche Möglich-

keiten vorgestellt, wie Störungen behoben

oder gemildert werden können.

Abschirmung *und* Harmonisierung

Neben der Umstellung des Schlaf- oder Arbeitsplatzes sollte man noch andere Maßnahmen in Betracht ziehen, um die gesundheitsschädliche Wirkung von Wasseradern abzumildern.

Alte Hausmittel

Schon lange vor der wissenschaftlichen Erdstrahlenforschung haben die Menschen mit verschiedensten Möglichkeiten der Abschirmung und Entstörung experimentiert – vielleicht ohne genau zu wissen, warum manches gut funktioniert und anderes weniger.

Eichenholz

Das Holz von strahlensuchenden Bäumen wie Eiche oder Fichte kann »Erdstrahlenbeschuss« abmildern (Gleiches heilt Gleiches). Beispielsweise weisen alte Fachwerkhäuser in Niedersachsen, die mit Eichenbalken und -bohlen gebaut worden sind, eine hohe Resistenz gegenüber negativ geladenen Erdstrahlenionen auf. Wollte man allein aber einen Schlafplatz mit Eichenholz vollständig gegen Erdstrahlen schützen, müsste die Holzunterlage unter einem Bett mindestens 80 Zentimeter dick sein.

Ungeachtet dessen harmonisiert Holz sehr gut ein gestörtes Schwingungsfeld. Denn man darf auch nicht übersehen, dass unterirdische Wasseradern durch ihre Fließbewegungen große unruhige Schwingungswellen abgeben, die auf subtile Weise auch an der Erdoberfläche noch spürbar sind. Holzhäuser haben in der Regel eine wesentlich harmonischere Gesamtatmosphäre. Auch Tiere fühlen sich in Holzställen auffällig wohler als in Stein- oder gar Betongebäuden. Selbstverständlich sollte das Holz nicht mit Chemikalien behandelt worden sein.

Bienenwachs

Auch die Bienen zählen zu den Strahlensuchern. Mit einer Wachsschicht von etwa 20 Zentimetern Stärke kann man einen Schlafplatz vor Erdstrahlen sicher schützen. Bienengewachste Möbel leisten einen zusätzlichen Effekt, Erdstrahlenbelastungen abzumildern. Bienenstöcke auf einer Wasserader entwickeln sich prächtig und absorbieren sehr viel Erdstrahlung. Das Kittwachs der Bienen (Propolis) gilt übrigens als vorzügliches Heilmittel bei Entzündungen und vegetativen Unruhezuständen (in Apotheken frei erhältlich).

Holz und Bienenwachs harmonisieren hervorragend eine gestörte Raumatmosphäre und reduzieren die Erdstrahlenbelastung.

Wasserschüssel unter dem Bett

Auch dies ist ein altes Hausmittel. Dazu muss man aber Wasser aus dem Brunnen der jeweiligen Wasserader nehmen. Eine Schüssel, voll unters Bett gestellt, soll die Erdstrahlen in ihrer Wirkung eliminieren. Auch hier steht im Hintergrund wieder das Phänomen: Gleiches heilt Gleiches. Von dieser Methode ist jedoch abzuraten, denn Wasser speichert auch noch andere elektrische Felder (z. B. Elektrosmog). Dies gilt auch für die Variante, dass man nicht das Wasser der eigenen Wasserader nutzt, sondern Wasser aus einer Heilquelle. Dieses Wasser verliert nach drei bis vier Tagen seine Wirkung und müsste ohnehin ausgetauscht werden. Während Holz und Bienenwachs auf die Abschirmung bzw. Entschärfung von Erdstrahlen zielen, geht es bei den folgenden Hausmitteln um die Wiederherstellung des erdmagnetischen Feldes.

Bienenwachs ist ein richtiges Wundermittel. Es isoliert hervorragend Erdstrahlen.

Kupferringe und Kupfermatten

Kupfer besitzt eine große Leitfähigkeit für elektrische und magnetische Felder. Viele Rutengeher berichten von sehr guten Erfahrungen mit geschlossenen Kupferringen. Diese Ringe oder Achten erzeugen ein positiv geladenes Feld, das sich offensichtlich ordnend auf das gestörte Erdmagnetfeld auswirkt. Je stärker und größer die Kupferrohre, umso stärker der Einfluss. Solche Kupferringe werden heute mit großem Erfolg zur Entstörung in der freien Natur eingesetzt, beispielsweise bei Wasseradern, die unter Autostraßen verlaufen. Dort gibt es häufig seltsame Unfallschwerpunkte. Vom Einsatz kupferbezogener Abschirmungsmaßnahmen im Hausbereich, sei es als Kupferring, Kupfermatte oder Kupferdrahtgeflecht, ist heute allerdings dringend abzuraten. Denn Kupfer lädt sich auch mit technisch erzeugten Elektrofeldern auf. Es kommt dann quasi zur unerwünschten Verstärkung von Elektrosmog. Dann hat man vielleicht das Erdmagnetfeld wieder in Ordnung gebracht, dafür aber hat man sich neue, nicht weniger gravierende Probleme ins Haus geholt.

Hohlgefäße und Hohlräume

Bei diesen Entstörungsmaßnahmen geht es ebenfalls um die Erzeugung eines positiv gepolten Feldes, um die einseitige extreme Wirkung der negativ geladenen Erdstrahlenionen auszugleichen. Auf die Idee, mit Hohlgefäßen Wasseradern zu entschärfen, ist man vielleicht deshalb gekommen, weil sich mit Hohlgefäßen Ameisenstraßen umlenken lassen. Wer weiß? Als Hohlgefäße eignen sich große Einmachgläser, Tongefäße oder Steinröhren. Diese Hohlkörper stellte man früher direkt auf die Störzone der Wasserader. Wie weit es wirklich gelingt, mit solchen Hohlgefäßen Störungen des erdmagnetischen Feldes zu beheben, mögen Sie mit Ihrer Rute prüfen. Interessant ist, dass sich in vielen Sakralgebäuden unter dem Altar Hohlräume befinden, zumeist die Krypta. Wenn der Altar über einer Wasserader gebaut ist, was oft der Fall ist, so hat man mit dieser Konstruktion den Effekt erzielt, dass eine energetische Reizung und Anregung bleibt, weil die Erdstrahlen nach wie vor in konzentrierter Form auftreten, gleichzeitig hat man aber mittels der Hohlräume das magnetische Feld ausgeglichen und für eine geordnete ruhige Erde gesorgt. In altrömischen Kastellen hat man gewölbte Kellerräume entdeckt, die nicht einmal einen Meter hoch sind und allem Anschein nach auch nicht zur Vorratshaltung oder Ähnlichem genutzt wurden. Welchen Sinn hatten sie? Möglicherweise ging es ebenfalls darum, ein ausgeglichenes Raumfeld zu schaffen. In vielen altertümlichen Tempelanlagen spielen Muscheln und Muschelformen eine wichtige Rolle. Möglicherweise haben sie einen ähnlichen Effekt wie die oben vorgestellten Hohlgefäße. Sie unterstützen so eine positive Ladung des Feldes.

Muscheln sind natürliche Hohlgefäße. In der Wohnung aufgestellt können sie zur Verbesserung des Raumklimas beitragen.

Abschirmmatten

Erdstrahlen als solche lassen sich nicht eliminieren, sie treten aus dem Inneren der Erde senkrecht nach oben aus. Man kann sie bis in die letzten Etagen von Hochhäusern messen und sollen noch über die

Wolken hinausreichen. Welcher Art genau diese Strahlen sind, darüber wird in der Wissenschaft noch viel diskutiert – möglicherweise müssen mehrere und bislang vielleicht auch noch unbekannte Strahlenarten in Betracht gezogen werden. Auf jeden Fall handelt es sich um kleinste, aber hoch energetische Partikel, die die Materie durchdringen und über Wasseradern und anderen geopathischen Störzonen u. a. als erhöhte Gammastrahlung messbar sind. Wie auch immer, Erdstrahlen lassen sich nicht auflösen, sondern nur in ihrer elektrischen Ladung verändern oder umlenken. Unter Geopathologen, Ärzten und Heilpraktikern ist man sich noch uneins, was nun eigentlich gesundheitsgefährdender ist: die gebündelten negativ geladenen Erdstrahlen über einer Wasserader oder das gestörte Erdmagnetfeld, für das sie verantwortlich sind? Wie auch immer man sich entscheiden mag, beides ist nicht ohne Einfluss auf die Gesundheit. Seit einigen Jahren bemüht man sich auch darum, wirksame Abschirmmatten gegen Erdstrahlen zu entwickeln, denn damit hätte man beide Ursachenfelder behandelt: weniger Erdstrahlen, weniger Erdmagnetismus.

> **Erdstrahlen lassen sich durch nichts eliminieren, man kann sie lediglich umpolen oder umlenken.**

Magnetfeldmatratzen

Diese Matratze ist als Eurotex 2000 im Handel erhältlich und passt in jeden Bettkasten. Sie besteht aus einem Orthofloexlatexkern und schmiegt sich mit einer aus Islandwolle bestehenden Liegefläche optimal dem Körper an. In diese Matratze integriert ist eine Massageeinheit mit einem geschützten Magnetfeldsystem. Durch besondere Abschirmung entsteht kein Elektrosmog. Eine solche Matratze hat sicherlich viele Vorzüge und vermag auch das körpereigene Energiefeld in Ordnung zu bringen, es schirmt im eigentlichen Sinn aber nicht gegen die gebündelten Erdstrahlen ab. Gleichwohl wird die Störung des Erdmagnetfeldes für den Bettbereich außer Kraft gesetzt. Solche Magnetfeldmatratzen sind allerdings sehr kostspielig. Bevor man sich zum Kauf entschließt, sollte man auf jeden Fall eine Probezeit mit uneingeschränktem Rückgaberecht vereinbaren.

Reiner Kork

In den achtziger Jahren gelang dem Institut für Geopathologie in Kassel unter Leitung des Heilpraktikers und Rutengehers Andreas Kopschina ein entscheidender Durchbruch zum

Schutz vor Erdstrahlen. Kopschina entdeckte ein Naturmaterial, das auf vorzügliche Weise ionisierte Erdstrahlen abschirmen konnte: Kork! Kork wird aus der geschälten Rinde mediterraner Korkeichen gewonnen und enthält pro Kubikzentimeter 25 bis 45 Millionen Zellen. Kork besteht zu fast 90 Prozent aus gasförmigen Stoffen. Dank eines hohen Gehaltes an Suberin (einer Mischung aus schweren organischen Alkoholen und Fettsäuren) ist Kork absolut undurchlässig für Flüssigkeiten und Gase, also auch für ionisierte Erdstrahlen. Dies gilt allerdings nur für reinen Kork. Reiner Kork besteht aus Korkgranulat, das mit den eigenen Harzen unter Einwirkung von Druck und sehr große Hitze verklebt wird. Bei verbundenem Presskork, wie er in Baumärkten zu kaufen ist, wird das Granulat mit Stoffen wie Asphalt, Gummi, Zement, Gips, Leim, Sand und Klebstoffen vermischt. Als Schutz gegen Erdstrahlen hat er – ganz anders als der reine Kork – nur eine geringe Wirkung von etwa 15 Prozent. Achten Sie beim Kauf und Einbau von Kork also auf reine Qualität.

Für alles in der Natur gibt es einen Ausgleich. Kork »entschärft« ideal Erdstrahlen.

Reiner Kork wird aus der Korkeiche gewonnen. Nur er schirmt Erdstrahlen wirksam ab.

Zellglasplatte

Mit der Entdeckung des Korks als Erdstrahlen abschirmendes Material war man in der geopathologischen Forschung einen Riesenschritt weitergekommen. Er wird heute in vielen Wohnungen und Büros mit uneingeschränktem Erfolg eingesetzt. Aber nun sind in der Wohnung verteilte Korkmatten nicht immer der Schmuck des Hauses, und so machte man sich alsbald an die Erforschung eines Baustoffes, der eine hohe Festigkeit aufweist und als Schutzschicht auf Fußböden und unter Teppichböden direkt aufgebracht werden kann. Es galt, ein Material zu finden, das ebenfalls Millionen von Poren in großer Dichte aufweist, aber problemlos tritt- und einbaufähig ist. Alle Versuche mit Kunststoffen wie z. B. Styropor scheiterten. Schließlich hatte man Erfolg! Sand war die Lösung, allerdings nur als Ausgangsmaterial. Es entstand die Zellglasplatte. In einer ersten Produktionsstufe wird aus Sand ein hochwertiges Glas geschmolzen, dieses wird dann zerkleinert und zu Glaspulver zermahlen. In einer zweiten Produktionsstufe wird dem Glaspulver Kohlenstoff zugesetzt und dann in einer Form auf ca. 1000 °C erhitzt. Dabei kommt es zur Oxydation des Kohlenstoffes und zur Bildung von Glasbläschen, die einen Aufschäumungsprozess auslösen, der dann eine Zellstruktur entstehen lässt. In einem dritten, abschließenden Verarbeitungsgang wird das Material aus der Form genommen und in einem Streckofen langsam abgekühlt.

Die strahlenblockierende Wirkung dieser Zellglasplatten steht denen der Korkmatten nur geringfügig nach und bietet einen ebenfalls guten Schutz vor ionisierenden Erdstrahlen. Auch eine Störung des Magnetfeldes ist damit abgemildert, denn es sind ja negativ geladene Ionen, die dieses Feld durcheinander bringen. Zellglasplatten eignen sich insbesondere für den Einbau in Neubauten oder zur Anbringung unter der Kellerdecke. Keinesfalls sollten sie aber an der Zimmerdecke eines Wohnraumes angebracht werden, weil sich ansonsten in diesem Raum Partikelstrahlen

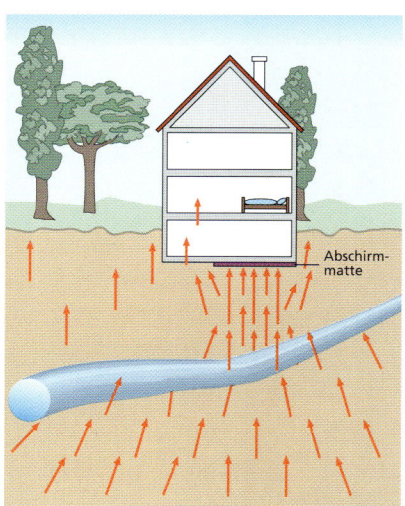

Abschirm-
matte

Eine Abschirmmatte fängt Erdstrahlen ab und lenkt sie um.

sammeln und nicht entweichen können (z. B. auch Radon). Im Handel
sind sie unter der Bezeichnung HWS-
Zellglasplatte »Spezial« (Bezugsquellen siehe Anhang Seite 94). Diese
Zellglasplatten sind nicht zu verwech-
seln mit Wärmedämmplatten, obwohl
viele von ihnen ebenfalls auf Poren-
basis funktionieren und quasi als
Nebeneffekt auch eine leicht strah-
lenabschirmende Wirkung haben.

Entstörgeräte

Neben den oben vorgestellten Hausmitteln und den Abschirmmatten sind
seit einigen Jahren auch so genannte
Strahlenschutzgeräte auf dem Markt,
die allerdings in ihrer Wirkungsweise
vielfach umstritten sind.

Nord-Süd-Gleichrichter

Hier handelt es sich um das älteste
technische Entstörgerät, das bereits
seit den sechziger Jahren angeboten
wird. Dieses Gerät, das aussieht wie
ein kleines altes Radio, erzeugt durch
abgestimmte Dauerstabmagnete ein
sehr starkes magnetisches Kraftfeld
von mehreren Tausend Gauß. Dieses
Kraftfeld ist in seinen Polaritäten
absolut konstant und wird über eine
Steckdose an den häuslichen Stromkreis angeschlossen – ohne dass
Strom verbraucht wird. Dieses Magnetfeld harmonisiert über die
Erdung das Erdmagnetfeld in einem
Radius von etwa 20 Metern. »Ich
habe in meinem Haus seit vielen Jahren einen Nord-Süd-Gleichrichter
angeschlossen. Das funktioniert pri-
ma. Ich habe davon schon viele
installiert. Wenn die richtig aufgebaut und angeschlossen sind, schlägt
die Rute nicht mehr aus, und die
Menschen schlafen wieder gut. Im
Fernsehen haben sie diese Geräte
zwar völlig runtergemacht, dass man
sich fast schämen muss, wenn man
damit arbeitet. Aber was soll's? Es
funktioniert bei mir. Der Erdmagnetismus kommt dadurch wohl irgendwie zur Ruhe.« (Richard Frese, Rutengeher)
Auch hier haben wir die gleiche Wirkung wie bei anderen Maßnahmen
zur Sanierung des Magnetfeldes.
Wenngleich dieses Entstörgerät sehr
kraftvoll wirkt, das Problem möglicher
Erdstrahlenkonzentration ist damit
nicht behoben, ihre Wirkung allerdings sehr abgemildert, denn es
kommt zu keinen negativen Aufladun-
gen und Interferenzen des erdmagnetischen Feldes. Im Haus kehrt spürbar mehr Entspannung ein.

Manche Tüftler
und Rutengeher
werden zuweilen
von den Medien
und Mainstream-
Wissenschaften
belächelt. Aber es
gilt noch immer:
Wer heilt, hat
Recht.
(Paracelsus)

Harmonisierungs-maßnahmen

Wenn man sich bei Entstörungsmaß-nahmen auf die Umlenkung der Erd-strahlen und auf die Wiederherstel-lung des erdmagnetischen Feldes konzentriert, hat man die gravierends-ten gesundheitlichen Gefährdungen einer Wasserader (hoffentlich) aufge-hoben. Was bleibt, ist aber noch die Belastung durch die unruhigen Schwingungswellen, die sich um eine Wasserader bilden. Je nach Tiefe, Ausdehnung und Fließgeschwindig-keit kann dieses Feld natürlich sehr unterschiedlich stark ausgebildet sein und eventuell zu nervlicher Gereiztheit oder auch zu Materialer-müdung führen. In den Schwingungs-kreis einer Wasserader kann man auch kommen, wenn man nicht direkt über einer Wasserader lebt oder arbeitet.

Unsere Zeit und Kultur sind ohnehin sehr spannungsgela-den. Wasseradern können zusätzlich belasten. Schaffen Sie sich also eine harmonische Wohn-umgebung.

Kristalle

Es gibt viele Möglichkeiten, eine unruhige Schwingung abzumildern oder auszugleichen. Bewährt haben sich seit jeher Kristalle. Wer einen Kristall entspannt in die Hand nimmt, spürt alsbald seine wohltuende Aus-strahlung. Kristalle verbreiten eine sehr feine, subtile hochfrequente Schwingung und sind gleichzeitig auch sehr empfänglich dafür, Schwin-gungen aufzunehmen und weiterzu-leiten. Das prädestiniert sie auch für den Einsatz zur Schwingungsharmo-nisierung gestörter Felder. Insbeson-dere der Rosenquarz hat sich dabei sehr gut bewährt. Er sollte aber min-destens das Gewicht von einem hal-ben Kilogramm haben und mit einem Ritual auf seine Aufgabe eingestimmt werden. Kristalle sollten generell nicht direkt unter oder neben dem Bett platziert werden, weil sie eine sehr kräftige, wenn auch harmonische Schwingung abgeben. Spitze Ecken oder Kanten sollten nie direkt auf eine Person gerichtet sein.

Neben Rosenquarz eignen sich auch der Amethyst und der Hämatit gut zur Harmonisierung von energeti-schen Störfeldern. Man sollte sich bei der Auswahl allerdings fachkundig beraten lassen, denn auch Farbe, Größe und Struktur sind nicht uner-heblich für die Energien und das Schwingungsverhalten der einzelnen Steine. Kristalle sollten etwa alle sechs bis acht Wochen gereinigt wer-den. Dazu legt man sie mehrere Stun-den in Salzwasser und lässt sie dann in der Sonne trocknen.

Pyramiden

Im Handel werden Pyramiden aus Kristall oder auch als Metallkonstruktion in verschiedenen Größen angeboten. Die Geometrie der Pyramide folgt geheimnisvollen Maßen und Proportionen und hat in der Tat erstaunliche Wirkungen auf biologische Systeme. Lebensmittel halten sich innerhalb einer solchen Konstruktion um viele Tage länger, wenn man sie genau in Drittelhöhe platziert. Innerhalb einer Wohnung aufgestellt, sollen Pyramiden das feinstoffliche Schwingungsfeld ordnen und anheben und so zur Verbesserung des Wohnklimas beitragen. Formschwingungen, durch eine Pyramide induziert, wirken ähnlich wie homöopathische Tropfen: Je feiner die Schwingungsebene, auf der sie wirken, umso stärker die Auswirkungen auf der grobstofflichen Ebene.

Feng Shui

In den letzten Jahren hat auch in Europa und Amerika die chinesische Kunst der Raumharmonisierung viele Freunde gewonnen. Es würde den Rahmen dieses Buches sprengen, die einzelnen Maßnahmen des Feng Shui vorzustellen, mit denen sich ein Raum in seiner energetischen Qualität deutlich verbessern ließe. Vorschläge zur Lektüre entnehmen Sie bitte dem Literaturverzeichnis auf Seite 94.

Pflanzen

Großblättrige Pflanzen in Tongefäßen, wie beispielsweise Gummibäume oder Yuccapalmen, können auch einen erheblichen Beitrag dazu leisten, unruhige Schwingungen abzudämpfen. Gut geeignet sind ebenfalls Rank- und Klettergewächse. Lassen Sie sich in einer guten Gärtnerei beraten.

Frequenzharmonizer

Von verschiedenen Firmen sind in den letzten Jahren so genannte Harmonizer entwickelt worden. Sie arbeiten auf der Basis feinstofflicher Form- und Materialschwingungen und sollen alle biologischen Systeme vor Störfeldern abschirmen und negative Strahlung neutralisieren. Die meisten Harmonizer sind aus vergoldetem Messing. Sie haben die Proportionen des goldenen Schnittes

Lebensmittel halten sich in Pyramiden erheblich länger. In der Wohnung aufgestellt verbessern sie deutlich das Raumklima.

Viele hartnäckige Krankheiten verschwinden oder kommen nicht wieder, wenn der Schlaf- und Arbeitsplatz harmonisiert werden.

und verfügen selbst über keine Polarität, sondern vereinigen diese in sich. Sie überlagern alle Impulswellen, die negativ wirken, und harmonisieren sie für Mensch, Tier und Pflanzen. Harmonizer arbeiten ohne Strom und haben einen Wirkungsradius von bis zu 120 Metern. Sie werden an einem zentralen Platz in der Wohnung aufgestellt oder gar draußen in der Natur vergraben. Diese Harmonizer werden auch eingesetzt zur Rekultivierung zerstörter Böden, veralgter Wasserbecken oder zur Wasseraufbereitung in Kläranlagen eingesetzt. Die sichtbaren Ergebnisse sind in der Tat außergewöhnlich. Wie weit damit

auch eine perfekte Hausentstörung gelingt, darüber liegen bislang wenig gesicherte Ergebnisse vor. Prüfen Sie deshalb sorgfältig eine nicht ganz billige Kaufentscheidung. Die meisten Anbieter (Bezugsquellen siehe Seite 94) räumen allerdings großzügige Rückgaberechte ein.

Wie soll man sich entscheiden?

Geopathologisch erfahrene Ärzte und Heilpraktiker raten übereinstimmend, bei Wasseradern auf jeden Fall den Schlaf- oder Arbeitsplatz durch Kork- oder Zellschutzplatten vor Erdstrahlen zu schützen, wenn

Synchron laufende Wellenlängen verstärken sich. Gegenläufige Wellen neutralisieren sich in ihrer Wirkung.

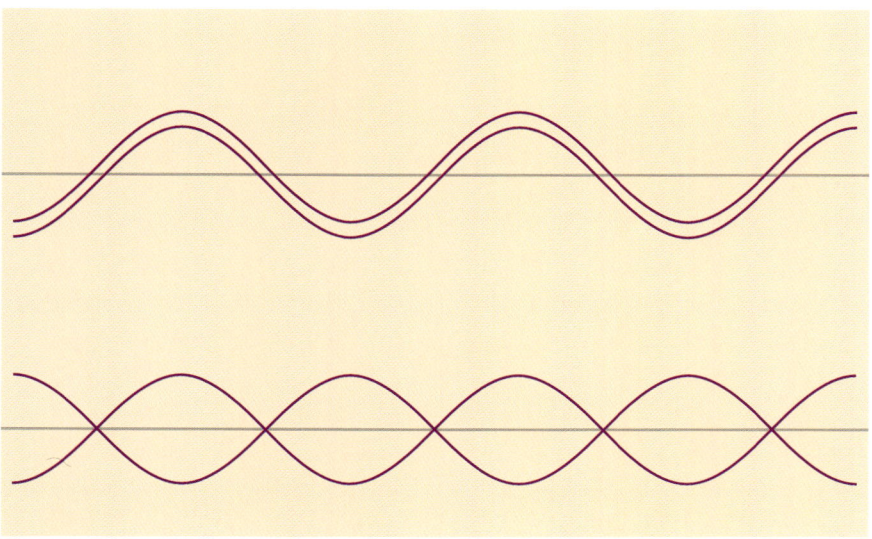

eine Umstellung nicht möglich ist. Mit welchen Maßnahmen man aber am besten die Harmonie stärkt, darüber entscheidet am besten ihr subjektives Empfinden.

Vor dem Hauskauf

Heute bestimmen fast ausschließlich Quadratmeterpreise, Infrastruktur und Verkehrsanbindung die Entscheidung für oder gegen einen Bauplatz – ein sehr kurzsichtiges, wenn nicht gar fahrlässiges Verhalten. Wenn man früher ein Haus oder einen Stall bauen und sichergehen wollte, dass der Platz von Wasseradern frei ist, wurde der Platz zunächst sehr genau nach strahlensuchenden Bäumen und Pflanzen untersucht. Hoher Brennnesselwuchs, Misteln, Lavendel, Pilze und verwachsene oder gar vom Blitz gespaltene Bäume waren erste Hinweise, dass dies kein guter Platz für Mensch oder Vieh war. Um sich zu vergewissern, hat man mancherorts zusätzlich einen seltsamen Test veranstaltet:

Ameisentest

Aus dem Wald schaffte man eine Schubkarre voll Erde und Ameisen heran und brachte sie auf dem Platz aus. Blieben die Ameisen oder begannen sie gar, einen Haufen zu bauen, war die Sache klar: An dieser Stelle ist nicht gut bauen, suchen wir nach einem anderen Platz.

Katzen und Hunde

Aus dem Verhalten von Katzen und Hunden kann man weitere Rückschlüsse über das Vorhandensein von Wasseradern ziehen. Katzen gehören zu den Strahlensuchern, Hunde zu den Strahlenflüchtern (siehe Seite 25). Wenn Sie also ein Grundstück oder eine Wohnung besichtigen wollen, dann nehmen Sie Ihren Hund oder Ihre Katze mit. Achten Sie genau auf deren Verhalten.

Störche und Schwalben

Storchennester gibt es heute kaum noch in bewohnten Gegenden. Früheren Generationen galten Storchennester als ein sicheres Zeichen dafür, dass der Platz absolut frei von Wasseradern ist. Vielleicht stammt daher auch die volkstümliche Verbindung von Storch und Kindsgeburt. Denn wo ein Storch nistete, gab es keine Fehlgeburten oder Unfruchtbarkeit. Auch Schwalben reagieren sehr feinfühlig auf Reizzonen und nisten nicht an belasteten Häusern.

Lassen Sie sich bei Ihrer Entscheidung nicht allein von materiellen oder praktischen Gesichtspunkten leiten, sondern achten Sie auch darauf, dass der Platz strahlungsfrei ist.

Wer sich mit Wasseradern und Erd-

strahlen beschäftigt, stößt bald auf

weitere Rätsel der Erde.

Geheimnisvolle
Phänomene

Die Beschäftigung mit Wasseradern ist für so manchen ein Einstieg und die Inspiration, sich auch mit noch ganz anderen Geheimnissen der Erde zu befassen.

Alles am richtigen Platz

Rutengeher hatten früher weniger die Aufgabe, nach gesundheitsgefährdenden Wasseradern oder Erdstrahlen zu suchen. Sie suchten Brunnen, Erze und wurden vor allem eingesetzt, um Bauvorhaben optimal an die Energieflüsse eines Ortes oder einer Landschaft anzupassen. Mit der richtigen Platzierung von Kathedralen oder Kastellen versuchte man, erdenergetische Ströme und Felder zum eigenen Vorteil zu nutzen. Dies bezog sich auf Wasseradern, Gitterkreuzungen und vor allem auf so genannte geomantische Zonen.

Geomantie – die Wissenschaft vom rechten Platz

Mit Geomantie bezeichnet man die jahrhundertealte europäische Wissenschaft vom rechten Platz in der Landschaft. Sie ist vergleichbar mit dem chinesischen Feng Shui, wobei dieses sich mehr mit dem optimalen Energiefluss in Räumen beschäftigt, während sich die Geomantie stärker mit den Energiequalitäten in der Landschaft auseinander setzt. Noch bis ins 18. Jahrhundert hinein war es völlig selbstverständlich, bei öffentlichen oder sakralen Bauvorhaben zunächst die Geomanten und Rutengeher mit der Auswahl des Platzes und der Positionierung des Grundrisses zu beauftragen. Als ihre erste Aufgabe betrachteten sie es, eine Landschafts- oder Stadtzone ausfindig zu machen, die eine unterstützende Qualität für das Bauanliegen versprach. Dabei achtete man nicht nur auf Flüsse und Verkehrswege, Himmelsrichtungen und strategischen Schutz, sondern vor allem auf energetische Kraftfelder. Heute nennt man diese Kraftzonen oder Kraftfelder geomantische Zonen.

Geomantische Zonen sind besondere Kraftfelder

Geomantische Zonen können sich über Hunderte von Kilometern erstrecken. Kleinere dieser Zonen können sich aber auch nur über wenige Quadratmeter ausdehnen. Wo sie sich kreuzen oder begegnen, ist die Energie besonders stark und lebendig. Beispielsweise steht das Bis-

Nicht jeder Platz ist gleich gut für ein Bauvorhaben geeignet. Die Geomantie sucht nach günstigen Kraftzonen.

Geomantische
Zonen haben einen
sehr unterschied-
lichen Charakter
und können be-
stimmte Tätigkeiten
oder Absichten
unterstützen.

marckdenkmal in Hamburg auf solch einem Kreuzungsfeld – am Übergang vom Hafen zur berühmt-berüchtigten Reeperbahn auf St. Pauli: eine energetisch sehr vitale Zone.

Zonen mit einem eigenen Charakter

Überall auf der Welt gibt es geomantische Zonen oder Kraftfelder, die eine deutlich spürbar andere und stärkere Energie haben. Manche von ihnen entwickelten sich im Lauf der Geschichte zu großen Handels- oder Kulturstätten, andere zu zentralen Kultorten ganzer Epochen, wie z. B. Stonehenge (England), Arunachala (Indien), Ayers Rock (Australien) oder Sedona (New Mexico). Geomantische Zonen haben einen eigenen Charakter. Manche sind anregend und unterstützend für künstlerische, gesellschaftliche oder kaufmännische Aktivitäten, andere fördern eher ein spirituelles oder auch wissenschaftliches Wachstum.

Meridiane und Chakren der Erde?

Diese besondere energetische Qualität eines Platzes oder einer ganzen Region (wie z. B. die Toskana) hängt offensichtlich mit vielen Faktoren

zusammen, und die Meinungen dazu gehen weit auseinander. Neben geologischen Faktoren spielen sicherlich auch klimatische und atmosphärische Verhältnisse eine Rolle. Aber das alleine reicht zur Erklärung nicht aus. Manche Forscher vermuten, dass ähnlich wie der Körper des Menschen oder Tieres auch die Erde von Energiemeridianen durchzogen ist. Geomantische Zonen könnten dann so etwas wie die Hauptmeridiane oder Chakren sein, die die Erdenergie in bestimmter Weise bündeln und transformieren. Liegt die Toskana dann vielleicht über einem solchen Erdchakra, vielleicht auch noch über einem, das insbesondere den künstlerischen Ausdruck fördert – vergleichbar dem Kehlkopfchakra beim Menschen? Wer weiß? Solche Theorien lassen sich schwerlich beweisen oder auch widerlegen, ohne dass sie deshalb falsch sein müssen. Die Erde gibt uns große Rätsel auf. Möglicherweise spielen auch noch ganz simple Faktoren wie die Formschwingungen der Landschaft oder durch heißes Erdmagma erhitzte, sehr tief gelegene Untergrundströme oder Seenplatten eine Rolle. Was auch immer die Gründe sein mögen, geomantische Zonen sind für viele Menschen sehr deutlich spürbar. So Sie Gelegenheit haben, besuchen Sie einmal das Seebad Heiligendamm oder den Englischen Garten in München, und versuchen Sie nur, die wohltuende Qualität dieser Plätze zu fühlen .

Geomantische Zonen kann man sehen und fühlen

Um geomantische Zonen zu sehen und zu fühlen, braucht man eigentlich weniger eine Rute als vielmehr offene Augen und auch genügend Muße, um die besondere Qualität intensiv spüren zu können. Man entdeckt dann

alsbald bestimmte Charakterzüge oder auch bauliche Auffälligkeiten und gewinnt ein Gespür für die außergewöhnliche Atmosphäre und das Energieniveau einer bestimmten Zone. Wenn die alten Geomanten und Rutengeher früher eine Kreuzung zwischen einer geomantischen Zone und einer Wasserader entdeckten, dann war dieser Ort prädestiniert für ein besonderes Bauwerk mit einer besonderen Bedeutung – in der Regel eine Kirche, eine Burg oder ein Schloss. Auch der Ratzeburger Dom ist auf einer geomantischen Zone

An den Stellen, an denen Wasseradern geomantische Zonen kreuzen, stehen oft ganz besondere Bauwerke.

Der Ratzeburger Dom steht auf der Kreuzung zweier geomantischer Zonen.

errichtet worden, genau genommen auf der Kreuzung von zwei geomantischen Zonen (siehe Illustration Seite 14).

(siehe Illustration Seite 14).

Das Muten geomantischer Zonen

Um eine geomantische Zone in ihren Umrissen mit der Rute genau zu muten, bedarf es sehr viel Erfahrung und Feingefühl. Denn möglicherweise ist diese Zone gar Kilometer breit. Das Muten geomantischer Zonen funktioniert ähnlich wie das Muten von Gitterlinien: Man stimmt sich innerlich auf das zu Suchende ein, programmiert die Rute auf Ja- und Nein-Zeichen und bewegt sich langsam durch den Raum bzw. die Landschaft.

Leylines

Als kleiner Junge schnappte ich ein Gerücht auf, das mich brennend interessierte. Und zwar erzählte man sich, dass es zwischen zwei Klöstern in unserer Nähe früher einen unterirdischen Tunnel gegeben hätte. Nichts hätte ich lieber getan, als diesen Tunnel zu entdecken und zu erkunden – aber es gab ihn nicht mehr und hat ihn auch wohl nie

Wer sich intensiv mit Rutengehen beschäftigt, stößt alsbald auf geheimnisvolle Phänomene der Erde.

gegeben. Später erfuhr ich, dass es solche Gerüchte und Sagen auch noch im Zusammenhang mit vielen anderen Klöstern gab, ohne dass man je konkrete Spuren, Tunnellöcher oder Ähnliches entdeckt hatte. Wie kam es zu diesen Gerüchten?

Telepathische Verbindungslinien

Heute vermuten Ethnologen und Rutengeher, dass es so etwas wie telepathische Verbindungslinien zwischen den Klöstern gegeben haben könnte – ein Phänomen, das sich allerdings nicht nur auf Klöster beschränkte. Entdeckt wurden Leylines per Zufall von dem Herforder Kaufmann und Handlungsreisenden Alfred Watkins (1885–1935). Er war ein Mann breit gestreuter Interessen und entdeckte bei einer seiner Reisen in Wales ein seltsames Phänomen. Ihm fiel auf, dass sich Hügelgräber, Steinkreise, Menhire, Kirchen, Kapellen oder sagenumwobene Bäume mit einer geraden Linie verbinden ließen. Was hatte es damit auf sich? Je mehr er forschte, umso deutlicher zeigte sich ihm, dass die gradlinigen Verbindungen so etwas wie ein unsichtbares geometrisches Verbindungsnetz darstellten, das aber nicht von der Natur vorgegeben war, sondern offensichtlich menschliche Absichten mit geografischen Bedingungen kombinierte. Er nannte dieses Linien Leylines (Kraftlinien). Heute gehen die meisten Forscher davon aus, dass es sich bei den Leylines weniger um natürliche Kraftlinien handelt als vielmehr um eine Art geistig-energetisches Verbindungsnetz. Solche Phänomene sind aus vielen Kulturen bekannt. Schamanen, Medizinmänner und Zauberer reisten in Trancezuständen auf so genannten Geisterbahnen und Traumpfaden zu anderen Orten, überbrachten Botschaften, befragten Orakel oder besuchten Geistesverwandte. Wir kennen diese Phänomene heute noch von den Aborigines oder aus den Erzählungen von Carlos Castañeda. Leylines wären in diesem Sinne so etwas wie unsichtbare Straßen für die außerkörperlichen Reisen oder telepathische Kontakte. Uns heutigen Menschen mag dies etwas seltsam erscheinen, aber aus der Völkerkunde wissen wir, dass noch bis ins Mittelalter die Menschen viel selbstverständlicher mit der »Anderswelt« interagierten. In den christlichen Kirchen führten diese Menschen immer ein Schattendasein und standen im Verdacht des Aberglau-

bens und Heidentums. Wahrscheinlich sprach man deshalb lieber von Tunneln oder unterirdischen Gängen, denn diese Dinge waren neutral und konnten gleichzeitig erklären, warum es manchmal zu ungewöhnlichen Informationsübermittlungen gekommen ist, obwohl keine Boten ausgeschickt waren.

Geistiger Zusammenhalt durch Leylines

Leylines sind für geübte Rutengeher oder hellfühlige Menschen als sehr weiche und leicht schwingende Kraftlinien erkennbar. Unabhängig von ihrer möglichen Nutzung als »Geisterbahnen« verbinden sie verschiedene Orte auf harmonische Weise miteinander und etablieren so etwas wie einen gemeinsamen Geist. Physikalisch betrachtet sind bei Leylines bestimmte Frequenzbereiche aus dem »Ton« der Erde herausgefiltert und verstärkt. Die Eingeweihten der alten Kulturen nutzten dazu intuitiv die frequenzselektiven Eigenschaften bestimmter

Leylines sind geistig-energetische Verbindungslinien. Es gibt sie in vielen Kulturen.

Hier sehen Sie Leylines in einem Teil Ostfrieslands.

Symbole, Ritzungen oder auch Farben – vergleichbar mit der Wirkungsweise von Reikisymbolen, die heute in vielen Heilsitzungen benutzt werden, um bestimmte kosmische Heilfrequenzen zu aktivieren.

Schwarze Ströme

Seit jeher gibt es das Wissen über schlechte oder gar gefährliche Plätze in der Landschaft. Was ist der Hintergrund?

Um dieses Phänomen zu verstehen, müssen wir wieder einen kleinen Exkurs in die Völkerkunde machen. In verschiedensten alten Kulturen gibt es ein Wissen um so genannte Tabuzonen. Oft war es den Stammesangehörigen von den Medizinmännern und -frauen streng untersagt, bestimmte Plätze oder Gebiete zu betreten. Wir kennen solche Berichte von nordamerikanischen Indianern, den Dogons, einem afrikanischen Stamm, oder auch von den australischen Aborigines. In ihren Traditionen sprachen sie vom bösen Zauber eines Platzes oder eines Landstriches. Hintergrund war die Erfahrung, dass Menschen schwer krank wurden, geistig verwirrten oder frühzeitig starben, wenn sie diese Zonen betraten. Als ich das erste Mal eine solche Zone unwissentlich betrat, überkam mich ein ausgesprochen unheimliches und angespanntes Gefühl. Intuitiv verließ ich schnellen Schrittes diesen Platz und war sehr erleichtert, als ich wieder aus dieser Zone herausgetreten war. Dieser Platz befand sich allerdings nicht in Afrika oder Indien, sondern in einem Waldgebiet nahe der Elbe. Erst viel später wurde mir dieses Phänomen verständlich, als ich von den Tabuzonen alter Kulturen las, die in der Geomantie als Zonen schwarzer Energieströme gedeutet werden.

Blockierte Erdenergie

Man geht heute davon aus, dass sich schwarze Ströme ähnlich wie der »bioplasmatische Dreck« in der Körperaura des Menschen bilden. Das bedeutet, dass, wenn die Erdenergie in ihren Meridianen – aus welchen Gründen auch immer – gestaut und blockiert wird, schmutzige Energiefelder, die mehrere Hundert bis Tausend Meter groß sind, entstehen.

Steinakupunktur

Archäologen rätseln immer wieder aufs Neue, was es mit bestimmten Steinsetzungen in der Geschichte auf sich hat. Scheinbar willkürlich und ohne genaue symmetrische Abmessungen wurden zentnerschwere Steine in die Landschaft gesetzt. Dieses

System der Steinsetzungen findet sich in Skandinavien, Deutschland, Frankreich bis hin zu den Kanarischen Inseln. Galten diese Steine damals als Grenzmarkierungen? Wurden sie zur Einzäunung von Vieh aufgestellt? Das sind nur einige der gängigen Theorien, die aber alle nicht so recht zu überzeugen vermögen.

Steinsetzungen auf Gitterkreuzungen

Wenn man Steinsetzungen mit der Rute untersucht, kann man manchmal erstaunliche Dinge feststellen. Solche Steine befinden sich oft direkt auf erdmagnetischen Gitterkreuzungen oder starken Erdenergieadern. Welchen Sinn und welche Funktion könnte das haben? Der Antwort kommt man ein Stück näher, wenn man die Steine genauer untersucht, denn sie stehen fast ausnahmslos auf minusgepolten Erdlinien und weisen mit ihren plusgepolten Seiten nach oben. Die Steine fungieren offensichtlich als Umwandler negativer oder gestauter Energien. In ihrem Umfang am Boden sind sie selten breiter als die Energielinie, wahrscheinlich deshalb, um die Energie nicht abzulenken, sondern in ihrem Fluss zu stärken und zu stabilisieren. Nun mag man vielleicht einwenden, dass frühere Kulturen doch noch gar nichts von Elektrizität, Ladung und Strom gewusst haben. Das stimmt, aber sie haben diese Phänomene trotzdem wahrgenommen. Man denke nur daran, dass die chinesische Lehre von Yin und Yang mehr als 4000(!) Jahre alt ist. Das Wissen um die Polarität der Lebensfunktionen ist weit älter als die Erfindung der Glühbirne. In der modernen Geomantie versucht man heute, dieses alte Wissen in Form der Steinsetzung gezielt anzuwenden, um Landschaften zu heilen oder erdmagnetische Interferenzen aufzulösen.

Steinsetzungen können auch dazu dienen, kosmische Energien einzufangen.

Ein besonders eindrucksvolles Projekt der jüngsten Zeit sind die Steinsetzungen in der Stadt Weilheim.

Eine intuitive Methode

Zunächst geht es darum, mit der Rute ausfindig zu machen, wo die negativ gepolten Erdlinien verlaufen, und möglichst jenen Punkt zu finden,

»Lithopunktur« nennt man die Akupunktur der Erde, eine sehr wirksame Kunst, um Landschaften zu heilen.

Oft sind mit gestörten Plätzen oder Landschaften auch dunkle Kapitel der Geschichte verknüpft (z. B. Tal des Todes). Dann müssen auch diese Ereignisse rituell und bewusstseinsmäßig »erlöst« werden.

wo sich Linien kreuzen. Denn dieser Punkt ist gleichsam der Ausgangspunkt mannigfacher erdmagnetischer Interferenzen oder Blockierungen und damit verantwortlich für die energetische Unruhe und Unordnung der näheren oder auch weiteren Umgebung.

Hat man einen solchen negativen oder gestauten Kreuzungspunkt gefunden, gilt es, einen passenden Stein zu finden und ihn mit Hilfe von Ritualen und kleinen Zeremonien auf seine Aufgabe vorzubereiten. Denn auch ein Stein ist ein Wesen und verfügt über eine energetische Ausstrahlung – wenn auch in ganz anderer Form als beim Menschen. Dieser sorgsam ausgewählte und vorbereitete Stein soll nun diesen kritischen Erdmeridianpunkt wieder in Ordnung bringen und stellt sich dabei quasi als Akupunkturnadel zur Verfügung.

All dies machte man früher natürlich intuitiv und nicht wissenschaftlich.

Verstärkung durch Kosmogramme

Um den Heileffekt zu unterstützen und bis auf die feinste Schwingungsebene wirken zu lassen, werden solche Heilsteine manchmal noch zusätzlich mit Kosmogrammen ver-

ziert. Dies sind geometrisch heilsam schwingende Formen. Früher verwendeten die Geomanten Runenzeichen oder heilige Symbole. Als Inspirationsquelle dienen heute vielfach die bekannten Kornkreisfiguren.

Heilung beginnt an der Quelle

Geomantische »Erdakupunkteure« setzen bei ihrer Heilarbeit oft bei den Quellen oder Wasseradern an, denn Wasser ist das Element, das die ganze Landschaft verbindet. Weil es auch auf energetische Weise lösen, bewegen und heilen kann, ist alles dadurch betroffen, und langsam gesundet so eine Landschaft oder eine Stadt.

Unterirdische Schätze

Fast alle großen internationalen Mineralölkonzerne engagieren Rutengeher, wenn neue Bohrfelder gesucht werden sollen. Es hat sich offensichtlich in den Chefetagen herumgesprochen, dass man mit diesen Maßnahmen eine Menge Geld sparen kann – gleichwohl hängt man das nicht an die große Glocke, um das Image keiner Gefährdung auszusetzen, denn Rutengehen ist für die breite Bevölkerung nach wie vor »Spökenkiekerei« oder esoterischer Humbug. Rutengeher zeichnen sich besonders dadurch aus, relativ präzise Angaben über die Tiefe und Ausdehnung von Wasseradern, Ölfeldern oder auch Erzvorkommen machen zu können. Dazu gehört nicht nur sehr viel Erfahrung und Feingefühl, sondern auch handfestes Knowhow – und viel Ausdauer. Der Schlüssel dazu

ist die genaue Feststellung und Analyse der Strahlenverteilung an der Oberfläche, denn jedes Störfeld oder Schatzvorkommen strahlt nicht nur senkrecht direkt nach oben, sondern hat auch ein so genanntes Strahlenspektroid.

Das Muten solcher unterirdischen Schätze setzt insbesondere eine geübte Handhabung der verschiedenen Arbeitslängen einer Rute voraus. Letztlich spielten Erfahrung und viel Praxis wohl die größte Rolle. Wie sich bei einem Klavierstimmer auch das Gehör mit der Zeit schult und er dann sehr schnell erkennen kann, mit

wie viel Hertz ein Ton schwingt, so ist es auch beim Rutengehen. Mit der Zeit bekommt man ein zunehmend besseres Gefühl für die Qualität und Masse der Strahlenauslöser.

Im Orient oder auch in Indien gibt es Rutengeher, die selbst nur zehn oder 20 Zentimeter breite Wasseradern noch in einer Tiefe von mehr als 30 oder 50 Metern exakt muten können. Diese Rutengeher gehören oft zu einer traditionsreichen Familie der Brunnensucher, in der das alte Wissen sorgfältig bewahrt und von Generation zu Generation weitergegeben wird.

Heute findet man Kosmogramme – geometrisch heilsam schwingende Formen – häufig in Kornfeldern.

Langsam beginnen wir die Auswirkungen

des künstlichen elektromagnetischen

Feldes auf die Biosphäre zu begreifen.

Wasseradern *und* Elektrosmog

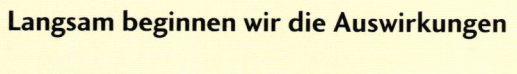

Wir haben uns so daran gewöhnt, dass wir es als natürlich empfinden: elektrisches Licht, Staubsauger, Kaffeemaschine, Mixer, Waschmaschine, Stereoanlage, PC, Haartrockner, Bohrmaschine, Leuchtreklame usw. Aber noch mein Vater verlebte seine Kindheit mit Petroleumlicht, offenem Herdfeuer und Kartenspielen im Kerzenschein. Welch rasante Entwicklung innerhalb nur weniger Generationen ist hier geschehen? Und wer möchte – und kann – heute noch auf all die hilfreichen elektrischen Geräte und Errungenschaften verzichten? Dennoch, es ist Zeit, sich darüber Gedanken zu machen, ob weniger nicht mehr sein könnte – für unser eigenes Wohlbefinden und für das Gleichgewicht in der Natur.

Das Erdmagnetfeld verändert sich

So zeichnet sich seit den achtziger Jahren des vergangenen Jahrhunderts deutlich eine äußerst bedrohliche Veränderung des Erdmagnetfeldes ab, die in Zusammenhang mit den künstlich erzeugten elektromagnetischen Feldern stehen könnte. Aus den Daten, die der im Jahr 2000 gestartete Satellit »Champ« zur Erde übermittelt, zeigt sich, dass die Werte östlich von Madagaskar und noch stärker in Sibirien ansteigen. Wissenschaftler vermuten, hier könnten sich neue Nordpole bilden. Rund um das Bermudadreieck und südwestlich von Südafrika sind ebenfalls deutlich erhöhte Werte gemessen worden, möglicherweise bilden sich dort neue Südpole. Diese Daten besagen nichts anderes, als dass das Erdmagnetfeld durcheinander geraten ist und sich neu strukturiert. Dies hat nicht nur Auswirkungen auf Kompassnadeln, sondern auch auf den Schutz der Biosphäre vor kosmischen Strahlen. Niemand vermag heute zu sagen, was dies im Einzelnen bedeuten könnte. In der öffentlichen Diskussion und wissenschaftlichen Forschung werden diese Erkenntnisse fast völlig ignoriert oder tabuisiert, denn die Schlussfolgerungen könnten weit über das hinausgehen, was bereits vonseiten des Umweltschutzes hinsichtlich Elektrosmog gefordert wird. Noch mag man sich damit beruhigen, dass gesundheitliche Auswirkungen von Elektrosmog wissenschaftlich nicht nachgewiesen sind und ohnehin Grenzwerte existieren, die nicht überschritten werden dürfen. Aber diese Grenzwerte schwanken von

Leider gibt es bis heute wenig verlässliche Erkenntnisse darüber, wie Elektrosmog auf die Biosphäre und auf biologische Systeme wirkt.

Land zu Land bis zu einem Faktor von 1000! Während beispielsweise in Schweden bei Elektrofacharbeitern Krebs als Berufskrankheit anerkannt wird, käme in den meisten anderen Ländern niemand auf die Idee, entsprechende Klagen einzureichen, die vor Gericht vermutlich eh nicht zugelassen würden. Daran wird schon ersichtlich, wie wenig anerkannte Daten über die Auswirkungen des Elektrosmogs heute vorliegen.

Auch in der Natur gibt es natürliche Elektrizität; deshalb müsste man bei Elektrosmog eigentlich von Technosmog sprechen.

Was ist Elektrosmog?

Der Begriff »Elektrosmog« ist eigentlich unzutreffend, weil er sich ausschließlich auf technisch erzeugte elektromagnetische Felder bezieht, in der Natur selbst aber durchaus auch Elektrizität vorhanden ist. Man denke nur an die elektrische Auf- und Entladung der Atmosphäre (Blitz). Der Strom, der im menschlichen Körper fließt, lässt sich mit einem EEG messen. Genau genommen müsste man also von Technosmog sprechen, aber wir bleiben bei dem Begriff Elektrosmog, weil er sich inzwischen eingebürgert hat. Das Wort »Smog« kommt aus dem Englischen und bedeutet »Nebel«. Damit ist sehr zutreffend ausgedrückt, dass es sich bei Elektro-smog um etwas Diffuses, schwer Greifbares handelt, das sich aber wie eine Dunstglocke über eine Stadt, ein Haus, eine Landschaft oder gar um den ganzen Planeten legen kann.

Unnatürliche Frequenzen

Alle technisch erzeugten Felder schwingen in einer messbaren Frequenz. Je tiefer die Frequenzen sind, umso größer sind die Wellenlängen. Dies ist beispielsweise beim Strom der Eisenbahn der Fall. Er schwingt mit 16 2/3 Hertz. An Bahngleisen kann man deshalb oft so genannte Kriechströme entdecken. Der normale Netzstrom in Haushalten schwingt mit einer Frequenz von 50 Hertz und kann mit Isolationskabeln abgeschirmt werden – wenn auch nicht vollständig. Handys, Fernsehgeräte und Radios arbeiten hingegen auch mit Frequenzen im Mega- oder Gigahertzbereich, d. h., dass sich eine Schwingungswelle tausend- oder millionenfach pro Sekunde bewegt. Solche hochfrequenten Schwingungen – wie auch alle Magnetfelder – können Materialien, die nicht metallisch sind, durchdringen. Aus diesem Grund kann man in geschlossenen Räumen telefonieren oder Radiosender empfangen.

Elektrosensibilität

Da Nervenimpulse im menschlichen Körper mit einer viel geringeren Frequenz übertragen werden, kann es zu einer Schwingungsinterferenz mit technisch erzeugten Elektroschwingungen kommen. Nervosität stellt sich dann ein. Um es in einem Beispiel deutlich zu machen: Ein Musiker spielt ein Stück in einem bestimmten Metronomtempo – sagen wir 70 –, gleichzeitig stampfen die Zuhörer aber einen Rhythmus von 180. Der Musiker hat es wahrlich nicht leicht, sein Tempo und seinen Rhythmus durchzuhalten, und wenn er es geschafft hat, ist er wahrscheinlich völlig erschöpft. Aber so ergeht es vielen Menschen, wenn sie sich stundenlang in einem Kaufhaus oder in einem mit Elektrosmog belasteten Raum aufgehalten haben.

Sick-building-syndrom

In der Medizin hat sich gar ein ganz neues Krankheitsbild etabliert: das sick-building-syndrom (krank durch Gebäude). Damit ist nichts anderes gemeint, als dass Menschen erkranken, weil sie sich in modernen Gebäuden aufhalten, die mit einem Gewirr von technischen Elektrofrequenzen durchzogen sind. Manchen

Patienten attestiert man eine erhöhte Elektrosensibilität. Aber noch muss der Patient den Nachweis erbringen, dass ihn Elektrosmog krank gemacht hat. Verursacher brauchen nur die Grenzwerte einzuhalten. Der Patient stößt mit seinen Beschwerden häufig auf völliges Unverständnis. Glücklicherweise bilden sich mehr und mehr örtliche Selbsthilfegruppen heraus, denn gerade Menschen, die unter Sendemasten für die Mobilfunknetze leben, erkranken mehr und mehr an verschiedenen chronische Leiden.

Insbesondere vor Computern konzentriert sich Elektrosmog. Viele Menschen sind ihm täglich ausgeliefert.

Höhere Spannungszustände

Die Qualität eines elektrischen Stroms wird nicht nur durch die Schwingungsraten (Hertz) definiert, sondern auch durch die Spannungsstärke. Der Netzstrom hat eine Stärke von 230 Volt, Hochspannungsleitungen können eine Stärke von bis zu 400.000(!) Volt aufweisen. Wären

Elektrosmog entsteht nicht nur bei fließendem Strom. Wasseradern sind auch sehr empfänglich für elektrische Felder.

alle technischen elektrischen Leitungen voll abgeschirmt, wäre das Problem nicht so groß. Doch denken Sie nur an die Luftgeräusche unter einer Hochspannungsleitung. Man könnte dieses elektromagnetische Feld auch als Energiemüll bezeichnen, der in der Luft herumschwirrt. Bei einem Stromkabel, wie Sie es von zu Hause kennen, dehnt sich dieses energetische Müllfeld etwa 20 bis 30 Zentimeter aus. Bei Hochspannungsleitungen kann es sich bis zu 500 Meter ausdehnen. Ein Teil dieses Stromabfalls bleibt bestehen, auch wenn kein Strom mehr fließt; es handelt sich dabei um das so genannte Wechselfeld. Elektrosmog entsteht also nicht nur bei fließendem Strom, sondern hält sich auch im abgeschalteten Zustand. Dies gilt auch für Fernseher, Computer und alle möglichen Haushaltsgeräte.

Belastete Wasseradern und Gitternetze

Wasser besitzt eine enorme Leitfähigkeit für elektrische Ströme, und Wasser verbindet alles mit allem. Insofern muss man davon ausgehen, dass Elektrosmog auch in Wasseradern gespeichert werden und über sehr große Distanzen weitertransportiert werden kann. Die Aufnahme des Elektrosmogs erfolgt über Regenwasser, vor allem aber an Grundwasserströmen im Bereich von Wechselfeldern unterirdisch verlegter Hochspannungsleitungen.

Filter neutralisieren keinen Elektrosmog

Nun mag man einwenden, dass durch Wasseraufbereitungsanlagen oder die unterirdische Filterung des Wassers, wenn es durch die verschiedenen Gesteinsschichten sickert, die Belastung durch Elektrosmog wie jede andere umweltschädliche Belastung aufgelöst werden müsste. Dies stimmt nur zum Teil. Bei den Filtervorgängen werden zwar Schwermetalle, an denen sich elektrische Felder angekoppelt haben könnten, herausgewaschen, aber trotzdem bleibt die spezifische Frequenz erhalten. Denken Sie wieder an die homöopathischen Verdünnungen. Materiell ist nichts feststellbar, trotzdem ist die Wirkung da. Dieses könnte auch für hochfrequente, technisch erzeugte Wellen gelten. Die Arbeitsweise eines Mikrowellenherdes kann uns die möglichen Auswirkungen ein wenig verdeutlichen: Über die Mikrowellen werden die Wasserstoffatome in Bewegung gebracht – das führt zu Hitze. Bei diesem Vorgang hat aber das Wasser in den Speisen vollständig seine molekulare Struktur verändert, und gleichzeitig sind alle Biophotonen in der Speise neutralisiert. Aus der Perspektive der Lebensenergie betrachtet – denn dafür stehen die Biophotonen – sind Mikrowellengerichte schlichtweg tot. Hochfrequenter Elektrosmog aber ist nichts anderes als Mikrowellensalat, der zudem durch die verschiedenen Impulsfrequenzen völlig chaotisch ist.

Inwieweit er sich auch im Wasser und in Wasseradern speichern kann, ist umstritten. Mit herkömmlichen technischen Geräten ist diese Belastung nicht feststellbar, man kann deren Auswirkungen aber an Wuchsanomalitäten der Bäume feststellen.
Auf diesem Hintergrund muss man auch die gravierenden Waldschäden betrachten, die uns seit den achtziger Jahren des letzten Jahrhunderts beunruhigen. Es sind nicht nur die materiellen Umweltgifte, die dem Wald zusetzen, sondern auch der Elektrosmog. Ein markantes Beispiel

Immer mehr Zweifel regen sich, ob das Waldsterben »nur« mit dem sauren Regen zu tun hat. Möglicherweise ist auch Elektrosmog mit verantwortlich.

Hier sieht man sehr deutlich den so genannten Antennenwuchs – hervorgerufen durch Elektrosmog.

dafür ist der Brocken im Harz. Hier stand über viele Jahrzehnte eine mächtige Funk- und Radaranlage zur Ausspähung des vermeintlich feindlichen Nachbarlandes. Die Bergkuppe ist heute völlig kahl – und das bei einer Höhe von 1100 Metern. Der saure Regen allein kann es nicht sein, dann müssten viele andere Bergkuppen in vergleichbarer Höhe oder in der Nähe ähnlich belastet sein – sie sind es aber nicht.

Kristalle können die Elektrosmogbelastung durch PCs reduzieren.

Wasser – auch Wasseradern – speichern und leiten Strom. Der moderne Mensch steht auch stets »unter Strom«.

Wasser speichert Elektrosmog

Regenwasser, Grundwasser und auch Trinkwasser werden also allem Anschein nach vom Elektrosmog in Mitleidenschaft gezogen und mit verschiedensten Mikrowellen »beschossen«. Dies könnte zur Folge haben, dass sich die elektrische Aufladung von Wasseradern stärker erhöht als vielleicht noch vor 100 Jahren. Das würde manches erklären. Seltsamerweise wurden Wasseradern auch erst im letzten Jahrhundert zu einem echten Gesundheitsproblem. Das mag damit zusammenhängen, dass man früher viel mehr die Rutengeher bei Bauvorhaben zurate gezogen hat. Es kann aber auch mit einer erhöhten elektrischen Aufladung der Wasseradern durch Elektrosmog zu tun haben. Eine Elektrosmogbelastung mag auch für die Gitternetze (siehe Seite 54) gelten. Diese erdmagnetischen Feldlinien könnten ebenfalls elektrisch aufgeladen und mit chaotischen Frequenzen belastet werden. Dies alles trägt dazu bei, dass geopathische Störungen und Erkrankungen heute rasant zunehmen. Wie kann man sich schützen? Neben der Aufstellung moderner Frequenzharmonizer (siehe Seite 69f.) können Sie Folgendes tun, um den Einfluss von Elektrosmog zu minimieren:

Schutz vor Elektrosmog

Hier finden Sie eine Checkliste, mit Hilfe derer Sie Elektrosmogquellen in Ihrer Umgebung deutlich reduzieren können.

◉ Arbeiten und schlafen Sie nicht in der Nähe von Trafostationen und stromdurchflossenen Transformatoren, die zum Zubehör von Laptops, Halogenlampen, Druckern oder Modelleisenbahnen gehören.

⊙ Halten Sie sich nicht zu lange in der Nähe von Sicherungs- und Zählerkästen oder Steigleitungen auf.

⊙ Verkürzen Sie alle Verlängerungskabel auf das notwendige Mindestmaß.

⊙ Vermeiden Sie bei Fernsehgeräten, Hi-Fi-Anlagen und Bürogeräten Stand-by-Schaltungen.

⊙ Verwenden Sie für längere Telefongespräche keine schnurlosen Geräte.

⊙ Verzichten Sie wenn möglich auf Handys. Halten Sie beim Transport einen Mindestabstand von ca. 20 Zentimetern zum Körper ein. Verbannen Sie Handys vom Nachttisch.

⊙ Verzichten Sie auf Funkwecker, oder halten Sie einen Mindestabstand von einem Meter. Vermeiden Sie vor allem Funkwecker mit roten Leuchtziffern (Galliumarsenik).

⊙ Achten Sie bei Computerbildschirmen unbedingt auf die MPR-III-Norm.

⊙ Verzichten Sie auf Heizdecken oder Heizkissen während des Schlafes. Erwärmen Sie das Bett vor dem Schlafengehen, und ziehen Sie den Stecker aus dem Netz.

⊙ Verzichten Sie wenn möglich auf eine Elektroheizung in Bettnähe.

⊙ Schalten Sie am besten nachts die Fußbodenheizung aus.

⊙ Verzichten Sie möglichst auf einen Mikrowellenherd.

⊙ Prüfen Sie den Einbau einer Netzfreischaltung (Unterbrechung der Spannung, wenn im Stromkreis das letzte Gerät ausgeschaltet wird).

⊙ Reduzieren Sie die Verwendung von Metallen in der Wohnung und im Außenbereich, weil sich an Metallen schnell Wechselfelder und elektromagnetische Wellen ankoppeln und diese in den Raum reflektieren.

Das Muten von Elektrosmog

Die sicherste und einfachste Methode zur Feststellung technisch erzeugter Frequenzen und Feldstärken ist der Einsatz technischer Messgeräte, wie Sie im Handel erhältlich sind (Bezugsadressen siehe Seite 94). Ratsam ist es auch, einen Fachmann zu Hilfe zu nehmen, wenn größere Maßnahmen zur Sanierung notwendig sind (z. B. Verlegung des Zählerkastens, Netzfreischaltung). Das Ausmessen von Elektrosmog mit der Rute sollte man erfahrenen Radiästheten überlassen.

Insbesondere, wenn Sie einen Neubau planen, sollten Sie die Installation einer Netzfreischaltung in Erwägung ziehen. Damit wird vor allem nachts die Belastung mit Elektrosmog erheblich reduziert.

Rutengehen ist nicht so schwierig, wie

mancher denken mag. Probieren Sie

es selbst aus!

Ein kleiner Kurs
im Rutengehen

Vielleicht haben Sie bei der Lektüre dieses Buches am Ende Interesse bekommen, Ihre Fähigkeiten als Rutengeher oder Rutengeherin systematisch weiterzuentwickeln. Auf den folgenden Seiten finden Sie dafür ein kleines Lern- und Übungsprogramm mit sieben Lektionen, die Ihnen die grundlegenden Fertigkeiten vermitteln. Es ist noch kein Meister vom Himmel gefallen. Seien Sie deshalb geduldig mit sich, und gehen Sie Schritt für Schritt vor.

1. Lektion: Die Wahrnehmung des Umfeldes

Rutengehen ist eine Möglichkeit, die besondere Qualität einer Landschaft oder eines Platzes zu entdecken. Bevor Sie sich mit Wasseradern, Gitterkreuzen und anderen spezifischen Aufgaben des Rutengehens befassen, lernen und üben Sie, eine Landschaft zu sehen und zu fühlen. Schauen Sie genau hin. Was wächst hier? Wie sehen die Bäume und Pflanzen aus? Sind typische Strahlensucher vorhanden? Wie ist die Gesamtatmosphäre? Sind die Menschen besonders gereizt? Wirken sie nervös und getrieben oder ganz entspannt? Sind Hochspannungsleitungen oder Sendemasten zu erkennen? Gibt es Risse

an den Häusern oder auf Gehwegen? Wenn Sie auf diese Weise mehr und mehr Ihren Blick und Ihr Empfinden schulen und verfeinern, wissen Sie alsbald sehr schnell, wo sich wahrscheinlich geomantische Zonen, unterirdische Wasseradern oder sonstige erhöhte Strahlenbelastungen finden.

2. Lektion: Handhabung der verschiedenen Ruten

Empfehlenswert ist, sowohl mit einer Winkelrute, Einhandrute als auch mit einer V-Rute zu arbeiten. Sinnvoll ist es, mit verschiedenen Stärken und Längen zu experimentieren. Sie brauchen deshalb nicht gleich ganz viele zu kaufen. Besorgen Sie sich im Baumarkt oder im Elektrofachhandel Schweißdraht (2 Millimeter Stärke), und basteln Sie Ihre eigene Winkelrute. Sie können diese auch aus einem Kleiderbügel formen. Versuchen Sie, sich mit allen Ruten gut vertraut zu machen. Es geht dabei zunächst darum, ein sicheres Empfinden dafür zu entwickeln, durch welche Ungeschicklichkeiten oder Gleichgewichtsverlagerungen sich die Rute eigenständig bewegt. Üben Sie so lange, bis Sie ganz sicher auch über unwegsames Gelände schreiten können,

Rutengehen beginnt mit dem Sehen und Erfühlen einer Landschaft oder eines Hauses.

ohne dass sich die Rute durch ihre Körperbewegungen beeinflussen lässt. Finden Sie für Ihre Ruten einen angemessenen Aufbewahrungsort.

3. Lektion: Wasseradern muten

Zum Üben brauchen Sie Geduld und vor allem Ruhe. Blockieren Sie sich nicht durch Erfolgsdruck.

Programmieren Sie Ihre Rute auf klare Ja-/Nein-Zeichen. Üben Sie zunächst in Ihrem Garten über einem Wasserschlauch: Lassen Sie eine andere Person unregelmäßig den Wasserhahn schließen und öffnen. Bitten Sie die Rute um klare Zeichen, ob Wasser fließt oder nicht. Üben Sie so oft, bis Ihre Intuition und Ihre Rute sicher die richtigen Signale senden. Üben Sie dann im häuslichen Bereich über einem Wasserhahn, an Zuleitungsschläuchen und Heizungsrohren. Immer geht es um die Frage :»Fließt Wasser?« Nehmen Sie die Winkelruten zur Hand, und muten Sie damit die Verlaufrichtung des Wassers. Untersuchen Sie dann Ihr Grundstück nach Wasseradern.

4. Lektion: Gitternetze muten

Untersuchen Sie danach Ihre Wohnung oder Ihr Haus nach Gitternetzlinien und insbesondere Kreuzungspunkten. Wenn Sie die Linien entdeckt haben, konzentrieren Sie sich darauf, deren Breite zu bestimmen. Handelt es sich um das Hartmannsche Globalgitternetz oder um das Benker'sche Kubensystem (siehe Seite 54)? Schauen Sie dann genau hin, wie sich die Pflanzen, Bäume und insbesondere Menschen auf den Kreuzungspunkten verhalten.

5. Lektion: Schlafplatz untersuchen

Fertigen Sie eine maßstabsgerechte Zeichnung von Ihrem Schlafplatz an. Untersuchen Sie zunächst die Bettstelle auf Wasseradern, dann auf Gitternetzstrukturen. Zeigen sich positive Ergebnisse, nehmen Sie die Einhandrute zur Hand, halten Sie diese über die Reaktionspunkte, und fragen Sie, wie gesundheitsbelastend die Stellen für Sie(!) sind. Geben Sie der Rute eine Ausschlagsskala von einem bis zehn Ausschlägen vor, wobei 10 für »lebensgefährlich« steht. Überlegen Sie geeignete Maßnahmen zur Abschirmung oder Entstörung.

6. Lektion: Elektrosmog muten

Benutzen Sie dazu am besten die Winkelrute. Üben Sie zunächst das Muten über elektrischen Geräten.

Bitten Sie jemanden, die Stecker rauszuziehen und wieder reinzustecken. Üben Sie mit der Frage: »Fließt elektrischer Strom?« Programmieren Sie Ihre Rute dazu auf entsprechende Ja-/Nein-Reaktionen. Wenn Sie sich in Ihrer Rutenintuition sicher fühlen, untersuchen Sie Ihre Wohnung auf Elektrosmog. Fertigen Sie dazu eine Zeichnung von allen elektrischen und metallischen Gegenständen in Ihrer Wohnung an, und bewegen Sie sich mit der Rute aus der Mitte des Raumes auf jedes Teil langsam zu. Beachten Sie auch mögliche Resonanzen und Ankoppelungen (siehe Seite 26). Experimentieren Sie mit Umstellungen der Geräte.

7. Lektion: Überprüfen Sie Ihre innere Haltung

Sind Sie mit den Ergebnissen nicht zufrieden? Dann überprüfen Sie Ihre innere Vorgehensweise.

1. Ich bin entspannt und ausgeglichen und nicht gestresst durch Ärger, Ehrgeiz oder Termindruck.
2. Mein Nervensystem ist nicht belastet durch Alkohol, Nikotin, Kaffee oder andere Reizstoffe.
3. Ich fühle mich beim Rutengehen nicht gestört durch Lärm, Zuschauer oder übermäßige Kälte.
4. Ich bin bereit, neue Erfahrungen zu machen.
5. Ich nehme die Rute gerne zur Hand und bin neugierig auf das, was geschehen wird.
6. Ich mag das Leben und freue mich auf neue Einsichten.
7. Ich bin gedanklich völlig leer und fixiere mich nicht auf ein Ergebnis.

Zur weiteren Unterstützung Ihres Rutengehens können Sie währenddessen auch summen oder leise singen, auf jeden Fall sollten Sie nicht so viel dabei nachdenken. Das können Sie dann tun, wenn Sie sich die Ergebnisse anschauen. Nehmen Sie dann vielleicht wieder dieses Buch zur Hand.

Sie sehen, Rutengehen ist nicht eine Technik, die man wie ein Handwerk erlernen kann. Die Verfassung des Rutengehers ist letztlich der Schlüssel zum Erfolg.

In diesem Sinne wünsche ich Ihnen auch eine Bereicherung Ihres persönlichen Lebens durch das Rutengehen.

Gelassenheit und innere Ruhe fördern Ihre Fähigkeit zum Rutengehen.

Kontaktadressen

www.geomantie.de

Hagia Chora, Schule für Geomantie
Moltkestraße 12
D-84453 Mühldorf
Tel. 08631/379633
www.hagia-chora.org

Forschungskreis für Geobiologie e.V.
Adlerweg 1
D-69429 Waldbrunn
Tel. 06274/912100
www.geobiologie.de

Forschungskreis Erdstrahlen und
Elektrosmog e.V.
Heinrich-Lasz-Straße 22
D-69502 Hemsbach
Tel. 06201/73334

Berufsfachverband der Geopatholo-
gen und Baubiologen e.V.
Hellweg 5
D-34292 Ahnatal
Tel. 05609/80656

Österreichischer Verband für
Radiästhesie und Geobiologie
Koppstraße 89–93
A-1160 Wien
Tel. (01) 4081883

Verband Radiästhesie und
Geobiologie Schweiz
Ibelweg 18A
Postfach 2560
Ch-6302 Zug
www.paranorm.ch

Bezugsquellen

Rutenversand Geobionic mbH
Adlerweg 1
D-69429 Waldbrunn
Tel. 06274/912100
www.geobionic.de

Mitras Magic Market GmbH
Postfach 101116
46211 Bottrop
www.rutenshop.de

Abschirmmaterial Schurg GmbH
Bilsteinstraße 69
D-34537 Bad Wildungen
Tel. 05621/7003-15
www.erdstrahlenschutz.de

Nord-Süd-Gleichrichter
Jürgen Rath NSG-Vertrieb
Fichtenstraße 4; D-88521 Ertingen
Tel. 07371/4700; Fax 07371/5447

Harmonizer
Amanda Energieprodukte
Betpurstraße 23
CH-8910 Affoltern a.A.
www.amanda-energie.ch

Weber Bio-Energie-Systeme
Trieschweg 16
D-34289 Zierenberg
Tel. 05606/5770
www.weber-bio-energie-systeme.de

Elektrosmog Messgeräte
Gigahertz Solutions GmbH
Mühlsteig 16
D-90579 Langenzenn
Tel. 09101/90930
www.gigahertz-solutions.de

Literaturhinweise

Bachler, Käthe – Erfahrungen einer
Rutengängerin, München 1994

Banis, Dr. med, Ulrike –
Erdstrahlen & Co., Heidelberg 2001

Hartmann, Dr. Ernst – Krankheit
als Standortproblem, 2 Bände,
Heidelberg 1986

Holst, Ulrich – Rutengehen – Altes
Wissen neu entdeckt,
München 2000

Holst, Ulrich – Feng Shui für den
Erfolg, München 2002

Pogacnik, Marko – Wege der
Erdheilung, München 1997

Ohlsheimer, Robert – Krank durch
Erdstrahlen, Wasseradern, Elektro-
smog und der falschen Bettstelle?,
Steimel 1999

Freiherr von Pohl – Erdstahlen als
Krankheits- und Krebserreger,
Dießen 1932

Tschopp, Eva Maria u. Eric –
Der richtige Platz, Aarau 1998

Weberstorfer, Ernst – Arbeit mit
Tensoren, Freistadt 1996

Will, Reinhold D. – Geheimnis
Wasser – Von heilenden und
krankmachenden Wassern,
München 1993

Über den Autor

Ulrich Holst ist Autor zahlreicher Fachratgeber. Er befasst sich seit mehr als 20 Jahren mit Geomantie und Baubiologie. Von ihm sind im Ludwig Verlag außerdem erschienen:
Rutengehen – Altes Wissen neu entdeckt, 2000
Feng Shui für den Erfolg, 2002
Glück- und Segenswünsche in Vers und Reim, 2001

Dank

Der Autor dankt insbesondere Herrn Wolfram Pfannenstiel, Pinneberg, für die kritische Durchsicht des Manuskriptes und für manch guten Hinweis, der sich jetzt in diesem Buch wiederfindet.

Bildnachweis

Alle Illustrationen von Detlef Seidensticker, München
AKG, Berlin: 5; Bilderberg, Hamburg: 16 (J. Sloup), 23 o. (Klaus D. Franke), 82 (David McLain), 85 (S. Ellerich), 90 (Peter Essick); Birkenholz Alescha, München: 37, 38; Fotoarchiv, Essen: 13, 44 (Markus Dlouhy), 20, 23 u., 32 (A. Riedmiller), 56 (Daniel Kölsche), 65 (W. Schmid), 75 (Jörg Meyer), 79 (B. Steinhilber); Image Bank, München: 62 (C. Lucas); Photonica, hamburg: 1 (Remo), 46 (Manzo Niikura), 81 (Alex MvLean); Südwest Verlag, München: Titel/Einklinker (M. Nagy), 40 (Jump/K. Vey), 59 (K. Newedel), 88 (S. Sperl); Gettyone Stone, München: 10 (Sinibaldi); Visum, Hamburg: U2/U3 (A. Vossberg), 22 (Axel Fischer), 27 (R. Dördelmann), 60 (Lars Bauernschmitt), 60 (Michael Wolf), 87 (Jan Braun); Zefa, Düsseldorf: Titel/Fond (T. Steger), 8, 29, 72 (Krecichwost), 24 (Rose), 63 (Westrich), 93 (A. Sneider)

Hinweis für unsere Leser

Das vorliegende Buch ist sorgfältig erarbeitet worden. Dennoch erfolgen alle Angaben ohne Gewähr. Weder Autor noch Verlag können für eventuelle Fehler oder Schäden, die aus den im Buch gegebenen praktischen Hinweisen resultieren, eine Haftung übernehmen.

Impressum

Der W. Ludwig Verlag ist ein Unternehmen der Econ Ullstein List Verlag GmbH & Co. KG, München
© 2002 Econ Ullstein List Verlag GmbH & Co. KG, München

Redaktion und Projektleitung:
Berit Hoffmann

Redaktionsleitung:
Dr. Reinhard Pietsch

Bildredaktion:
Gabriele Feld

Umschlag:
Reinhard Soll

DTP/Satz:
Veronika Moga

Produktion:
Manfred Metzger, Annette Aatz, Monika Köhler

Druck:
Weber Offset, München

Bindung:
R. Oldenburg, München

Printed in Germany
Gedruckt auf chlor- und säurearmem Papier
ISBN 3-7787-5045-3

Register